UN PARVENU,

ou

LE FILS

DU MARCHAND DE PEAUX DE LAPINS,

PAR

THÉODORE MAXIME.

PARIS.

URBAIN CANEL,   ADOLPHE GUYOT,
104, RUE DU BAC.   18, PLACE DU LOUVRE.

1833.

UN PARVENU.

IMPRIMERIE DE M⁰ V° POUSSIN,
RUE ET HÔTEL MIGNON, N° 2, F. S. G.

UN PARVENU,

ou

LE FILS

DU MARCHAND DE PEAUX DE LAPINS,

PAR

THÉODORE MAXIME.

PARIS.

URBAIN CANEL,   ADOLPHE GUYOT,
104, RUE DU BAC.   18, PLACE DU LOUVRE

1833.

PROGRAMME.

Un de mes amis, très habile homme dans l'art d'extirper les oignons et les durillons, m'assure qu'une préface, un prospectus, sont toujours choses fort utiles ; il en use souvent, et je vous jure que cela fait merveille. La pratique ne manque pas de se laisser prendre à l'affiche. Les charlatans, malins qu'ils sont, savent tous cela; c'est pourquoi le *programme* est comme l'enseigne sur la devanture des barraques où l'on vous montre des phénomènes vivans; le *programme* c'est la chose essentielle, nécessaire, c'est admirable. Aussi, j'ai résolu de vous en donner un, avec cette différence que les autres promettent monts et merveilles, et que moi, je ne promets rien du tout.

Ce serait pourtant bien ici le cas de faire une petite profession de foi politique; mais comme on peut en avoir besoin souvent, je serai plus prudent que tant d'autres, je ne veux pas les prodiguer. D'ailleurs, l'auteur vous permet de le caser, de l'enrégimenter, de l'étiqueter comme il vous plaira; vous lui rendrez même service; car, à vrai dire, si en ce moment, vous exigiez de lui un aveu de croyance politique bien explicite, il serait arrêté dès l'abord, indécis et stupide comme une cariatide séculaire, ou comme un roi sans liste civile, ou comme un ministre sans budget. Cette confession-là, on ne devrait la faire que la rougeur au front, n'est-ce pas ?

— Sans doute.

Mais, en revanche, j'ai une idée, une idée qui n'est peut-être pas une vérité; car je crois qu'il ne reste plus de ces dernières à proclamer, à incruster dans notre civilisation, blasée surtout. En effet, auriez-vous la bonté de me dire où elles ne se trouvent pas, les vérités ? Maintenant, il n'y a pas si mince in-12 de roman, si modeste in-8° de mémoire, charte si volage, si raccourcie, qui ne nous fournissent le contingent des leurs. La vérité en général, la grande vérité, politique, morale et religieuse, la vérité enfin ! tout le monde est sûr de la posséder, vous, comme moi ignare moi comme vous. Les vérités particulières !... mais, on n'a qu'à se baisser pour les ramasser; elles se trouvent écrites partout; au point qu'elles sont usées jusqu'à la corde.

Pour en revenir à ce que je disais, voici : J'ai cru entrevoir que notre société moderne se divise en deux fractions : l'une, et c'est la moins nombreuse, qui comprend les puissans, les mangeurs, les baffreurs; l'autre, immense foule de mécontens, de quémandeurs qui se plaindront et seront hommes du mouvement tant qu'ils ne pourront pas dîner et digérer à l'aise comme les premiers. Quand il n'y a plus de foi, plus de croyances, plus de dévouement, il ne reste que l'égoïsme.

J'ai bien entendu discuter longuement sur l'émancipation des prolétaires, l'éducation des masses, le spiritualisme ou le matérialisme, répandus à doses inégales dans la France de nos jours; mais j'ai eu le malheur de ne rien comprendre à tout cela, parce que j'avais une idée, une seule, qui du reste aura été assez mal développée dans ces pages. Récompense honnête à qui l'y trouvera. Ceci me conduit naturellement à en finir avec ce ton d'égotisme.

Maintenant, on accusera mon œuvre d'être improbable; les personnages y sont inconséquens. — Possible. Seulement, permettez-moi de vous demander s'il se trouve beaucoup d'hommes qui soient restés toute leur vie conséquens avec leurs principes. Il y en a certainement beaucoup qui s'efforcent de nous le persuader, mais...

Du reste, je ne défends point ce livre; et si vous désiriez savoir le procédé que j'ai employé pour obtenir un résultat si peu satisfaisant, je pourrais vous donner ma recette que voici : Vous prenez cinq ou six ébauches de jérémiades, d'insomnies, de rêvasseries poétiques, soporifiques et psycologiques; vous mélangez ensemble toutes ces mirifiques billevésées, fort étonnées de se trouver de compagnie, et vous servez froid. Par ainsi, vous aurez un livre comme le susdit.

Sans doute, j'aurais beaucoup mieux fait d'entreprendre un roman du temps de la renaissance, où j'aurais dit : Messires; et où il y aurait eu un beau traité de tout le mobilier gothique du vieux Paris.

— C'est vrai.

Ou bien des tableaux maritimes, un roman navigateur, moi qui ne puis naviguer sur la Seine à Paris sans un soulèvement de cœur, ce que vous éprouveriez comme votre très humble, si vous vous exposiez à le faire en face des Tuileries. Ici, je n'ai l'intention d'offenser personne; je sais trop bien ce qui revient à César, et qu'on ne peut se gendarmer contre le souverain, ses ordonnances, ses ministres, sans devenir chair à Persil, sans courir le risque d'être logé, nourri, éclairé, blanchi aux frais du gouvernement. Je sais que, quand on statufiera la liberté de la presse, ce ne sera pas une belle déesse toute nue, sans liens, et dont on pourra dire comme autrefois Béranger :

Ma liberté n'a qu'un chapeau de fleurs.

La nôtre aura aussi des menottes ; ce qui m'oblige, quoique je n'aie pas su déclarer ma façon de penser, à crier haut et ferme comme le Gascon (*sur l'air de la Boulangère*) :

Bibé lé roi qué j'aime.
Sandis !
Bibé lé roi quand même.

Avant de finir, je veux vous recommander mon livre de nouveau : s'il pleut et si vous avez des insomnies, ouvrez-le : cela vous fera dormir.

PREMIÈRE ÉPOQUE.

CHAPITRE I.

Tous mes habits sont sur ma peau,
Et je suis mon porte-manteau.

BENSERADE.

Les Petits Savoyards

―――

C'était dans le mois le plus froid de l'hiver de 182..., les flâneurs ou affairés parisiens marchaient vite et faisaient le gros dos, comme Basile sous le tribard de bois vert. Les doigts crispés, les nez violets, les mines renfrognées, auraient pu faire croire qu'on courait à une émeute, si les éphémérides martiales de notre Lutèce n'étaient pas un peu stériles en hiver; il faut le soleil de juin ou de juillet pour échauffer la bosse de combativité de nos crânes. Ce n'était donc point la colère, mais tout simplement un air glacial qui leur piquait le nez, et les faisait frémir par tout le corps. La bise qui chassait contre les maisons d'épais flocons de neige, sifflait dans les interstices des portes, miaulait aux vitres de ceux qui en avaient, des vitres; car il faut que vous sachiez que tout le monde n'en possède pas, même à Paris.

Il existait dans le noble faubourg Saint-Germain un vieil hôtel qui n'en était pas muni, à l'unique fenêtre de son septième étage. Mais aussi, qui diable s'avise de loger à un septième? Ce ne peut-être que quelque Paria, ilote ou prolétaire; justement! et quel homme, possesseur d'une maison à Paris, serait assez dupe pour se mettre en dépense dans le seul but de fournir un gîte abrité à un pareil hôte, quand même il louerait l'appartement en garni? Fi!

les chambres closes, les tièdes étuves, sont faites pour les catacouas, les perruches, les singes et les guenons de la ménagerie royale (vieux style); mais pour des industriels de l'espèce de ceux dont j'ai à m'occuper... allons donc!

La chambre garnie, que rafraîchissait la fenêtre en question, pratiquée dans les tuiles, présentait la figure d'un triangle scalène, dont le génie de François Mansard aurait été fier de revendiquer le parcimonieux emploi. L'hypothénuse décrite par le toit brisé était sans cesse en contact avec l'occiput de l'habitant de ce logis, à moins que, dans sa miséricorde, le ciel ne lui eût départi la taille lilliputienne du nain d'un certain roi de Pologne. La circulation libre n'était permise qu'au froid Borée dans ce taudis aérien, bon tout au plus à faire un Capharnaum pour loger, jusqu'à nouvel ordre, les drapeaux et les vieilleries d'un grand référendaire. Le mobilier était en parfaite harmonie avec ce dénûment d'abri. Un bahut, qui ne serait pas dévenu plus noir, plus crasseux, plus verreux, quand même il aurait été fabriqué par saint Joseph, d'industrielle mémoire, tenait lieu de tables, de chaises et de tout le reste. Il était le centre vers lequel gravitait la triste famille en rentrant; car elle voyait en lui le dépositaire du fonds de son commerce, de son pain bis de chaque jour, et de la tire-lire en cuir, vide la plupart du temps. Le bahut avec une cruche de grès, un sac de couleur de suie, appendu à la fenêtre, en guise de volet, c'était tout le confortable de la chambre garnie.

— Dis donc, Noël! qu'as-tu fait du chanteau?

— Imbécille! tu sais bien que nous l'avons fini ce matin.

— Frère, j'ai faim! donne-moi un petit sou pour acheter du pain.

L'objet de ces deux interpellations était un enfant de quinze ans environ, et de ceux que nous nommons Savoyards, quand même ils seraient du département du Cantal. Son vêtement, de couleur carmélite, était tel que vous l'avez vu à la pauvreté incarnée qui se met dans vos jambes, et vous poursuit comme un remords, en vous répétant pendant un gros quart d'heure :

— La carita ! Catharina ! youp ! Ah ! oun pétit sou, mon caporal !... Oh ! moun zénéral, oun pétit liard !

Celui dont nous parlons s'était accroupi dans un coin de la mansarde, comme un Hottentot le serait dans sa hutte. Le coude appuyé sur ses genouillères en cuir, la main passée dans ses cheveux, couverts d'un bonnet de grosse laine, jadis rouge, il semblait enseveli dans une rêverie profonde. Sous l'épaisse couche de suie qui couvrait son visage et qui s'y était lithographiée en baies et en promontoires, il y avait des traits nobles et expressifs ; mais cette jolie figure d'enfant était rendue presque effrayante par le contraste de ces taches brunes qui avoisinaient le blanc humide et pur de ses grands yeux et des dents qu'une vieille comtesse aurait voulu dire siennes en les payant au poids du diamant.

Le pauvre enfant répondit avec nonchalance à la première question de son frère, et après, il continua à écouter les plaintes du vent dans la porte disjointe, à interroger du regard les profondeurs du ciel brumeux qui lui laissait voir la glaciale lucarne. Adolescent qu'il était, il semblait avoir d'instinctives révélations d'un ordre d'idées supérieur. Pourquoi pas? il est une poésie intime que la misère et l'abjection peuvent faire surgir spontanément dans quelques âmes douées d'une organisation à part.

Quand son frère, gros joufflu à visage niais, à vêtement devenu jaune de vert qu'il avait été, prononça ces deux syllabes : *J'ai faim !* le ramoneur le regarda en riant amèrement, et lui dit avec l'accent plaintif et lent qu'il nous est impossible d'imiter, et qui est particulier à cette caste voyageuse :

— Frère, crois-tu que c'est ici le buron de la montagne, où nous trouvions des châtaignes en rentrant, et où maman mettait une branche de sapin au feu pour nous réchauffer les pieds? Depuis qu'elle est morte, notre pauvre mère! nous n'avons pas eu de bon temps, Maclou, et depuis que nous sommes venus au milieu des riches et des beaux messieurs, nous sommes souvent à jeun. Ils écraseraient le mendiant plutôt que de lui donner un pauvre sou. Tron dé diou! je les zaïs-ti!

Le jeune Auvergnat se tourna brusquement d'un autre côté, tira de sa poche un sale petit bouquin à fermoirs de cuivre, dans lequel étaient grossoyés quelques hymnes en latin et l'ordinaire de la messe. C'était le seul livre qu'il possédât; il l'avait reçu d'une vieille femme de son pays qui lui avait appris à épeler, et il était parvenu, par un travail opiniâtre, à y lire couramment.

Or, Maclou, voyant l'énergique résignation de son frère, se mit à chercher victuailles lui-même; il fouilla dans l'unique, l'universel bahut d'où s'échappait une odeur nauséabonde de peaux de lapins en putréfaction. Sa recherche fut long-temps vaine, quelques miettes de pain, aussi dures que du sable, soutenaient cependant son espoir, quand il s'exclama tout à coup :

— Oh ! quel bonheur ! tiens, du pain !... Un, deux, trois morceaux !

Noël présenta avidement son visage multicolore à l'ouverture du bahut; deux ou trois croûtes sèches, oubliées dans un coin du vieux meuble, s'offrirent à sa fin canine; imitant l'exemple de son frère, il se précipita sur ce misérable repas ; et, une minute après, les mâchoires des deux enfans faisaient autant de bruit qu'une douzaine de rats exploitant un monceau de noix.

CHAPITRE II.

Pingot, j'ai une foule d'idées.

ODRY.

L'Escalier dérobé. — Le Rêve.

L'usage des escaliers dérobés, d'origine éminemment féodale, s'est perpétué jusqu'à l'an de grâce 1833. Sans parler de son utilité dans les palais, de son aptitude aux singeries diplomatiques, aux grimaces constitutionnelles durant l'enfantement d'un ministère, et de son opportunité, quand M. Vidocq, ou tout autre de ces messieurs, a voulu s'aboucher avec des majestés, des capacités princières, l'escalier dérobé a obtenu droit de bourgeoisie dans les hôtels de toute aristocratie. Pas de maison comme il faut qui n'ait son escargot raide, tournant, d'où dégringolent l'étudiant, le pauvre diable ruiné, l'artisan laborieux qui logent avec les chats; la misère est une lèpre qu'il faut cacher pour n'y plus songer. Ce n'est qu'aux jours des révolutions, des orgies populaires qu'on voit des mains déformées, de sales haillons saisir, froisser les rampes des vastes degrés, ornées d'arabesques, et pressées d'ordinaire par les gants parfumés, frôlées par les fins cachemires et les habits de Staub. Et ces jours n'étant pas de longue durée, elle en use comme une folle qu'elle est; la misère, brisant, saccageant tout; et c'est peut-être justice! qui sait?

Au temps de notre histoire, tout était dans l'ordre. Jacquinet montait, grelottant de froid, les marches rapides et étroites qui conduisaient à la mansarde délabrée, où l'attendaient ses deux enfans. C'était un digne homme que Jacquinet, pas méchant du tout, disant très peu de chose, en pensant encore moins; excellent père, du reste; et, en vérité, la plus innocente figure que l'hiver nous eût envoyée du Mont-d'Or. Il avait de gros yeux de mouton, un large nez retroussé et des joues pendantes. Quant à son costume et à son allure, si vous voulez les connaître, adressez-vous à M. Odry; il vous en donnera une idée précise et exacte comme pas possible.

Et, à propos, permettez-moi de féliciter d'abord M. Henri Monnier, qui, le premier a proclamé cette belle maxime qu'un pair de France ferait un délicieux marchand de peaux de lapins, et réciproquement; et ensuite M. Odry : les prémisses de cette théorie, tout le monde les croyait justes; le réciproque n'avait pas encore eu sa justification; mais dans la bouche de notre excellent comique, elle est devenue une vérité, au point que personne ne doute maintenant qu'on ne puisse fort bien aspirer à la pairie, quand même on aurait commercé dans les enveloppes d'animaux. (Il y a moyen de tout ennoblir.)

Il est vrai qu'on se réjouirait de meilleur cœur de cette heureuse innovation, si, chez nous, tout grand seigneur improvisé ne devenait pas aussi vaniteux que celui qu'il remplace, et si l'orgueil n'était pas comme un clou qui chasse l'autre.

Revenons à Jacquinet, qui avait l'air de ne penser à rien de tout cela, et qui se pressait de gagner son gîte, car la nuit approchait.

— Hé! hé! petits! il fait froid, s'écria-t-il en levant le loquet de bois de sa porte branlante.

Froid! répéta le pauvre homme quand il fut entré en pirouettant sur une jambe, à la manière du Savoyard dansant au son de sa vielle.

Hé! Noël! que faites-vous-là, petits? ajouta-t-il.

— Vois, père; nous mangeons cette miette

de pain que le bon Dieu nous envoie, répondit, d'un air content, le Béotien Maclou.

— Et pourtant vienne demain, nous n'en serons pas plus avancés, mon frère, ajouta Noël. Mourir de faim un jour plus tard ne nous évitera pas une douleur.

— Hein ? que dis-tu enfant ? interrompit le père.

— Je dis que nous sommes perdus. La misère est grande, le pain est cher, et le riche n'en donne pas ; encore si nous avions une marmotte, ou un singe à promener par les rues ? Mais il ne nous reste rien pour acheter une souris blanche, ou une catin ; et qui nous fera l'aumône, sans cela ?

— Hé ! laisse, enfant, laisse donc ! la Providence est grande, reprit le père attendri.

Il jeta dans le bahut sa pacotille de peaux de lapins, sa vieille casquette faite de la dépouille d'un matou gris ; et enfin tira du sac qu'il portait en sautoir sur son épaule, un pain rond de deux livres qu'il présenta à ses enfans.

— Tenez, mangez tout, garçons; je n'ai pas faim, mais froid, et bien froid! aïe!...

— Papa, interrompit Maclou, nous serions mieux à Vassivière, pas vrai?

— Oui, dit Noël, si notre buron n'avait pas disparu sous les neiges de l'hiver, si la montagne n'était pas blanche comme un pain de sucre, si nos deux vaches broutaient comme autrefois, au mois de juin, sous le soleil, les grandes herbes de la vallée; si notre bonne maman pouvait encore, le matin, avant de nous laisser sortir, préparer nos tartines de beurre.

— *Paubra Catharina!* soupira Jacquinet.

Catharina, c'était sa femme, sa bonne ménagère, la mère de ses enfans, qu'il avait perdue peu de temps avant de quitter le pays. Quoiqu'elle fût morte depuis deux ans au moment où nous faisons connaissance avec Jacquinet, il ne pouvait y penser sans avoir la larme à l'œil: Catharina faisait si bien les fromages, ourdissait de si jolies dentelles!

Il est vrai que des commères montagnardes

avaient essayé de répandre des doutes sur la fidélité conjugale de la défunte Catharina. Elles prétendaient qu'un beau monsieur, marquis ou comte, ma foi! qui était venu prendre les eaux dans le département du Puy-de-Dôme, et qui s'était arrêté long-temps à la cabane de Pierre Jacquinet, n'était pas resté indifférent aux charmes de la jolie Auvergnate. Jusqu'à quel point avait été portée cette admiration? nous n'avons pas besoin de le savoir. Et puis, que nous importe que Noël fût né peu de mois après le départ du monsieur étranger? Encore une fois, tous ces incidens doivent être lettres closes pour nous, comme ils l'étaient pour Jacquinet, le bon Jacquinet, qui avait versé des larmes de sang à la mort de sa ménagère, qui chérissait son Noël comme le culot, le dernier-né, et qui s'était tenu dans la neutralité la plus maritale au sujet de ces quelques calomnies qui viennent de nous échapper.

Il en était des regrets de l'Auvergnat comme de toutes ses autres sensations, qu'il n'exprimait guère que par monosyllabes.

— Pauvre Catharina, ah! reprit-il; et il essuya une larme que la bise figeait au bout de son gros nez.

Ensuite, après avoir embrassé ses enfans, il étendit dans un coin des peaux de lapins et quelques guenilles en guise de lit, et il s'accula à la muraille; les enfans se pressèrent contre lui. Dans cette position, la famille malheureuse attendait le repos.

Il faisait nuit noire; et dans la mansarde, on n'entendait que le vagissement de la bise hivernale et la respiration des trois créatures misérables qui l'habitaient.

—Froid! murmura encore Jacquinet s'arrondissant en boule... Oh, Maclou! Hé, mon fillot! j'ai eu une idée aujourd'hui, une bonne idée, vrai!... J'ai rencontré mon beau-frère Pingot, le marchand de parapluies : je lui ai parlé, et il te prend pour son compagnon ; es-tu content.

— Oh! papa, merci! l'oncle a un bon commerce, et je gagnerai de l'argent pour acheter du pain, et pour toi aussi, et pour Noël.

Le cadet ne répondit rien.

— Noël restera avec moi, et, Dieu aidant, nous passerons l'hiver sans mourir de faim.

— Merci, père, dit le ramoneur!... Et une heure ne s'était pas écoulée, que les pauvres diables étaient profondément endormis.

Jacquinet rêva. La faculté de rêver est une bénédiction de Dieu dans le malheur. Les illusions du sommeil nous jettent dans une vie à part, complète, rapide, instinctive, heureuse ou malheureuse, mais toujours préférable à la réalité. Les brutes, les hommes obtus ont leur part de ces ravissemens; et il semble que chez l'homme l'intelligence se grandit et se divinise.

— Alors rarement les objets des rêves, comme leurs sujets, restent les mêmes que dans la vie positive.

Ne vous étonnez donc pas si l'Auvergnat rêva et s'il vit de belles choses.

— D'abord il était tout petit, disant adieu à sa mère; et, léger de nippes et d'espèces, se préparait à commencer son aventureuse Odyssée.

La lune qui brillait au ciel et l'étoile du matin allaient pâlir devant les premiers rayons du jour. L'enfant glissait comme un oiseau au-dessus des herbes touffues, des cabanes et des puys nombreux qu'il saluait en passant. Il avait une larme pour chaque site connu : le vieux pin, le pic de granit surgissant dans l'obscurité comme un fantôme, étaient pour lui des amis qu'il appréciait en les perdant. Il pleurait long-temps sa belle, sa romantique Auvergne, et s'en allait pourtant courir les aventures loin du pays natal.

Voici qu'il s'approchait d'une ferme où les chiens aboyaient, et qu'il demandait l'hospitalité. De bons paysans le faisaient asseoir sur le bloc stationnaire dans l'âtre; l'aïeul commençait une histoire imprégnée de cet idéalisme peureux, de ces folles croyances ignorées de ceux qui n'imaginent les sylphes, les lutins, les sorcières que dans les montagnes écossaises, ou au sein des forêts de l'Allemagne; et le merveilleux lui arrivait vague, à perte de vue, sous un tuyau de cheminée noir, immense et bruissant comme le tonnerre par une lugubre soirée d'hiver.

Ainsi, comme au temps de sa voyageuse enfance, le bonhomme se vit promener de hameau en hameau, de ville en ville. Une fantasmagorie confuse lui retraçait mille objets agréables ou pénibles sur lesquels son intelligence épaisse ne s'était jamais arrêtée pendant sa veille. Une vive intuition lui permettait de voir en même temps le réel, et l'impossible d'unir le faux au vrai.

Simple et grossier montagnard, marié, et assis auprès de sa Catharina, il se sentait tout à coup devenir grand seigneur : un habit vert, à queue de morue, une culotte courte, un gilet rouge et une cravate blanche offrant un nœud prodigieux, le rendaient fier de sa personne ; et puis il roucoulait auprès d'une belle dame ; il était amoureux. La belle dame, c'était toujours Catharina.

Une fois il se vit roi, avec des sujets : aussi vain, aussi fourbe que roi au monde, ayant promis de fort bonnes choses qu'il ne tenait pas ; il regardait le populaire en mépris, et se laissait très sérieusement adorer comme un Tchien-Lung, comme un grand empereur chinois. Etait-ce du toupet, ça ?

Enfin, je n'essaierai pas de vous retracer toutes les absurdités, tous les épisodes décousus qui passèrent par la tête du pauvre homme ; il vous suffira de savoir qu'il battait la campagne, que son esprit était ici, là, partout et nulle part.

CHAPITRE III.

Ne parle plus, vieille noblesse,
De tes antiques oripeaux.
Droit du seigneur, ou droit d'aînesse,
Tabouret en cour, à la messe...
Vanités des temps féodaux !

L'AUTEUR.

Que nous en reviendra-t-il ?

PROPOS BANAL.

Suite d'un Rêve. — Club des Indépendans.

Il était minuit, heure fantastique! heure choisie des mélodrames, des bals et des maisons de jeu. Toutes les horloges du faubourg Saint-Germain jetaient, comme un avertissement, comme un glas funèbre, leurs douze coups monotones. C'était un soupir du jour écoulé, la voix du temps qui disait : — Encore un !

Le silence revint après. La rue était muette; voiture et rares piétons affaissaient sans bruit la neige toute nouvelle.

Un homme descendait gravement l'escalier dérobé que vous connaissez. Sa marche lente et mesurée avait je ne sais quoi d'effrayant qui le faisait ressembler à une apparition; son corps roide ne se portait en avant qu'après que ses pieds s'étaient posés sur la marche inférieure. Il parvint ainsi, sans hésiter, jusque dans la cour du vieil hôtel. Là, il s'arrêta, parut réfléchir un instant, puis se dirigea vers le grand escalier de la maison, placé dans un autre angle de la cour, et le monta jusqu'au troisième étage.

Voici une digression qui n'en est pas une. Le joli appartement du troisième était habité par un rentier, retiré du commerce.

M. Bellard jouissait d'une vingtaine de mille livres de rente; l'adroit négociant, qui ne devait qu'à son industrie la position indépendante qu'il occupait dans le monde, aurait pu se lancer, lui,

garçon de trente ans, au milieu des fêtes et des
galas de la haute bourgeoisie parisienne. Mais,
à peine avait-il vu sa fortune arrondie, qu'un
vertige d'ambition s'était emparé de lui; il avait
renoncé à ses manufactures et s'était mis en tête
d'étaler son luxe de parvenu dans les salons de
la vieille aristocratie. Pourtant, il ne tarda pas à
revenir de son illusion. Il se vit reçu par quelques familles nobles avec un ton de protection
et de supériorité qui ne manqua pas de choquer
son amour-propre. La dignité des vieilles comtesses et des jeunes marquis lui fit soupçonner
qu'il pourrait bien n'être qu'un intrus dans cette
société de parchemins, lui, dont les premiers
titres à la recommandation étaient un livre de
comptes, bien tenu en partie double, et qui
pouvait seulement prendre pour devise : Avoir.

C'est pourquoi, une nuit qu'il rentrait dans
son appartement, honteux, désappointé du rôle
piteux qu'il venait de jouer, des avanies tacites qu'il lui avait fallu essuyer durant une
soirée, où chacun des invités n'arrivait que

précédé de la particule, M. Bellard se jeta dans une des causeuses en velours bleu de son magnifique salon, et prit une vigoureuse détermination.

— Sot! double sot! s'écria-t-il, donnant un coup de poing à son claque, d'aller me faire le plat courtisan de cette ridicule noblesse! Imbécille de me courber devant une dignité venue on ne sait d'où, et menteuse souvent; car je voudrais bien savoir si elle est toujours l'enseigne du mérite!... C'est que la stupide fierté de ces gens titrés, couverts d'oripeaux et de croix se rengorgeait en face de l'humble roturier!... C'est que leur voix est tranchante, brève et semble vous dire : Tais-toi, boutiquier !.... Et moi, je continuerais à être le très humble serviteur de cette caste orgueilleuse et ressuscitée d'hier, à me tenir respectueusement incliné devant le régime du privilége, à brûler de l'encens au nez du préjugé fait chair ! Non, non, pardieu! j'ai été idiot une fois en ma vie; mais c'est fini, je me repens.

De ce moment les habitudes de M. Bellard avaient changé. Il était absent de chez lui pendant tout le jour, et le soir souvent ; seulement trois fois par semaine il recevait. C'étaient tous des jeunes gens, et la plupart de ceux qu'on voit exagérant les modes, se mettre en avant ou peut-être en arrière de leur époque par l'originalité de leur costume. Quelques femmes, jeunes aussi et belles, assistaient à ces réunions mystérieuses qui scandalisaient les vieilles locataires du noble hôtel, un peu bégueules et collets montés; car elles pensaient qu'il s'agissait tout bonnement de plaisirs défendus, de jeu, de débauche avec ces femmes de moyenne vertu. Mais il n'y avait rien à dire : M. Bellard était propriétaire de l'hôtel.

D'ailleurs, c'était pure calomnie; entrez plutôt.

Une quinzaine de jeunes hommes, vêtus d'habits boutonnés jusqu'au menton, de longues redingotes, de houpelandes, et tous d'une mise assez négligée, sont assis, sans façon, autour de la grande table de la salle à manger, où l'on vient de servir une collation. La flamme d'une immense jatte de punch donne à toutes ces figures un aspect blafard et sinistre, et allume tous ces yeux d'un reflet infernal.

La conversation est animée.

— Messieurs, s'écrie un convive à moustache noire, à belle figure militaire, et décoré, nous ne devons pas compter sur l'enthousiasme voué à un système politique, pour amener une révolution. Les brillantes utopies, les calculs habiles, les combinaisons diplomatiques, tout cela est bon pour récrépir un régime usé, une monarchie pourrie, lézardée de toutes parts; c'est une misérable jambe de force qui doit prêter un appui de quelques mois à un bâtiment qui s'affaisse; c'est un échafaudage péniblement construit, devant lequel la multitude passerait froide, indifférente, sans le voir, car elle ne s'exalte que pour ce qui est en harmonie avec le cœur humain, et la politique est en dehors de lui : c'est une passion factice

Ce qu'il nous faut dans un moment de trausition, c'est une foi, un amour, un nom qu'on puisse jeter au peuple et qui l'émeuve, un souvenir qui fasse frémir sa fibre, un enthousiasme qui le pousse en avant; et, je vous le répète, amis, une guenille ferait plus pour cela que tous vos beaux raisonnemens ! La redingote grise serait plus éloquente que le plus populaire de nos Démosthènes.

Réveillez donc le génie militaire de vos concitoyens ! Opposez aux pasquinades stratégiques de la restauration, les glorieuses éphémérides de l'empire; aux généraux improvisés, aux brochettes de décorations acquises en un jour de parade, les vieilles têtes blanchies sous le harnois, les récompenses enlevées une à une, à force de sueur et de sang, sur le champ de bataille. Opposez aux envahissemens de la congrégation les bienfaits du gouvernement impérial; aux tracassières mesquineries du bon plaisir, la nationalité d'une ère glorieuse !

Préparez, endoctrinez ainsi le peuple des villes; il a dans le cœur un écho sonore pour tout ce qui tient au *petit caporal ;* jetez le nom de Napoléon à l'émeute, et vous verrez !

.. Ce brave conspirait pour l'indépendance, pour l'affranchissement de son pays, en faveur de l'empereur Napoléon II, qui vivait alors.

— J'en demande pardon à notre ami, répondit M. Bellard, l'amphytrion gros, gras, à figure pleine, à larges favoris ; mais la France est remise du vertige qui la prenait autrefois au nom de l'Empereur ; elle a donné assez d'hommes et d'argent ; et c'est assez de gloire comme cela. Les Français d'aujourd'hui ne sont plus ceux du temps passé, qui s'engouaient d'un homme, d'une bannière. La seule foi, et le seul dévouement désormais possible chez nous, ce sont ceux qui auront pour but une constitution grande, libérale, nationale. La propriété, comme base, comme principe de tout droit, voilà ce qu'il nous faut. Du reste, titres, honneurs, priviléges par la grâce de Dieu ou du roi, me semblent mentir au vœu de la majorité des Français, et le pouvoir qui les maintient, je le renie.

En un mot, la propriété, représentée par la députation instituée elle-même préalablement par une bonne loi nationale, c'est, à mon avis, le seul titre, le seul pouvoir légitime, la seule royauté.

—O Bellard! Bellard! cria un jeune homme dont la figure était aussi douce que celle de Saint-Just, dont les cheveux tombaient en boucles sur un habit à large collet.

A quoi pensez-vous, mon garçon ? Mais vous prêchez là le plus ignoble de tous les gouvernemens ! c'est une aristocratie d'argent, un pouvoir qui résume tous les vices, une charte qui aura pour épigraphe : avarice ! — C'est le privilége acheté, et non octroyé ; voilà la différence de votre nouveau au vieux système. Vous faites de la société un vil troupeau obéissant au caprice des banquiers, des agens-de-change, du plus riche enfin ! Vous volez à l'homme du peuple, son droit à lui, son droit de citoyen acquis en naissant ; vous déchirez la charte la plus naturelle, pour frapper d'impuissance celui qui ne paiera pas le cens ; oui, vous tuez moralement celui que vous ne pouvez évaluer par francs et par centimes. Il est né pour végéter dans un grenier, payer l'impôt, donner son fils à l'état, et voilà !... Infamie !

Hé ! pardieu ! messieurs, le gouvernement du droit divin, des nobles et des prêtres, est tout aussi moral que celui-là ! Et si une révolution se couve parmi nous, ce dont je suis convaincu ; si elle doit dépouiller tout ce qui est de ses paillettes, de ses haillons dorés, elle ira peut-être encore plus loin que vous ne pensez : ce sera une révolution en guenilles, pieds nus, débraillée, faite par la populace des faubourgs, par le vrai peuple qui souffre et qui travaille ; ce sera un bouleversement, un déplacement général, la ruine du riche, la justice de la grande royauté populaire ! La révolution ne sera point faite au profit de quelques adroits fripons ; non ! je vous le dis, ce sera au profit de la brave canaille ; entendez-vous !

Ce sera une implacable rétribution qui dévorera vos fortunes, tout ce que vous conservez avec une jalouse fierté, une rapace lésinerie. De puissantes capacités, des ministres en carmagnole surgiront de la foule. L'indépendance, l'égalité écraseront tous les moyens étroits de domination employés par les gouvernemens prétendus légitimes. La république viendra, et tous l'applaudiront! oui! dût-elle marcher escortée de supplices et de vengeances, marcher, bonnet rouge en tête, cynique, échevelée, les bras dans le sang.... on l'applaudira!

Le jeune Brutus paraissait, à la flamme du punch, doué d'une beauté diabolique. Il était pâle, blond, et avait des yeux noirs étincelans. Ses amis le regardèrent un moment en silence, et ne purent se défendre d'une velléité de terreur en songeant aux conséquences de son fanatisme. Ce sentiment pénible dura peu.

Un petit monsieur se leva d'une causeuse où il se tenait assis; ce n'était guère qu'un adolescent. Vous auriez dit que cette nuit seulement, par faveur extraordinaire, il couchait hors de son collége.

— En vérité, prit-il, Emile a raison ! La société radote à sa décrépitude. Ce n'est plus qu'une vieille coquette sans foi, sans croyances, qui veut encore mentir à ses dupes en replâtrant de fard sa peau tannée, rance, terreuse. Tout craque aujourd'hui de vétusté sous la bure et sous le satin. Il nous faut une régénération complète.

Voulez-vous d'une organisation sociale toute nouvelle? Elle est facile, messieurs : celui qui possède donnera à celui qui n'a rien ; nous ferons une loi agraire. Les biens, faites-moi l'amitié de me dire à qui ils doivent appartenir, si ce n'est à ceux qui ont la capacité de les conserver? Les places, à qui? toujours aux capacités, n'est-ce pas? Eh bien, nous proposons de rétribuer les hommes selon leur mérite personnel, qu'en dites-vous, frères? Ne sera-ce pas tout-à-fait nouveau, tout-à-fait gentil? Et songez que notre système deviendra une croyance religieuse.

— Bah! une religion, interrompit une jeune femme assise non loin de l'orateur.

— Hé, oui! Judith, ma belle Juive! tu dis bien, une religion, toi qui n'en as aucune. Mais celle-là ce sera la religion des femmes, car elle vous vengera de l'oppression des hommes. Vous pourrez être avocats ou notaires, dragons ou cuirassiers, prêtres ou rois, tout enfin. Votre rôle ne sera pas borné à celui de grands enfans ou d'aimables jouets : car alors, je vous le dis, en vérité, le règne de votre capacité sera venu; croyez-en plutôt Saint-Simon.

— Il me doit 1,500 francs, interjeta Bellard.

Ici, un des convives qui était sorti, je ne sais pour quel motif, rentra avec force imprécations.

— Malédiction! nous sommes vendus, espionnés, voici le mouchard! Il était là dans l'antichambre, à nous écouter.

Et il poussait en avant un homme pâle, hagard.

Le marchand de peaux de lapins, réveillé

enfin de son somnambulisme, et promenant des yeux stupides sur l'assemblée, jeta son juron à toutes ces figures étrangères.

— Hé! tron dé Diou!...

— Il est de la police, cria-t-on de toutes parts.

— Je me charge de lui tordre le cou, moi, se prit à dire le républicain, l'homme de la canaille, en secouant rudement le pauvre Jacquinet.

— O mes bourgeois, balbutiait ce dernier.

— Sacré tonnerre! messieurs! interrompit le soldat de l'Empereur, vous êtes ivres, si vous n'êtes pas fous. Cessez de torturer ce malheureux, si vous voulez savoir qui il est. — Dis donc, vieux! tu ne te doutais pas qu'on s'expose à se faire casser la tête en allant écouter aux portes!

— O mes bourgeois!

— Parleras-tu, sotte buse? Comment te trouves-tu ici? Qui t'y envoie? Qui es-tu?

— Pierre Jacquinet, né natif d'Issoire, près Clermont, raccommodeur de faïence et de porcelaine, marchand de peaux de lapins, domicilié en cette maison, à votre service, mes bourgeois.

— Comment, c'est vous, honnête Jacquinet? lui dit Bellard; que diable faisiez-vous là ?

— J'en ignore, foi d'homme ? Voilà que je dormais tranquille avec mes petits, là-haut, sans penser à rien, et que vous me réveillez ici... oh ! c'est-il drôle.

— Le gredin est sou, glissa le républicain à l'oreille du prosélyte de Saint-Simon.

Toute l'assistance se mit à sourire.

— Mais, sans penser à rien, j'ai fait des rêves, oh! uniques ! J'ai rêvé de beaux messieurs, de belles dames, de rois, de chevaux, de chiens, parlant par respect. Foi d'homme, c'était joli ; oh ! joli comme il n'est pas possible, quoi !

Jacquinet riait avec les autres.

— Tiens ! mais si je mettais à la loterie, reprit-il tout à coup. Cré nom !... Je n'ai pas le sou.

— Prends ceci, lui dit le républicain en lui

mettant dans la main quelques pièces de monnaie, et crie vive la république !

Jacquinet obéit.

— Vois-tu, quand la république sera venue, ajouta le jeune homme, un marchand de peaux de lapins pourra être pair de France.

— Joli ! reprit Jacquinet.

— Crie vive l'Empereur, dit le bonapartiste en lui remettant son offrande.

M. Bellard voulut en faire autant.

— Tiens, voilà cent sous ! reviens me voir demain, et crie en attendant vive...

L'hésitation du rentier fit partir d'un éclat de rire tous ses amis.

— Vive quoi ? demanda le marchand de peaux de lapins.

— Vive ! vive ! Ma foi, vous êtes tous exagérés. Vive le juste-milieu ! répondit l'ex-négociant.

— Prenez garde, Bellard, de vous trouver entre deux selles... Hein ?

Après cette dernière observation du partisan

de la république, Jacquinet fut congédié; il se confondit en révérences comiques, et M. Bellard lui renouvela l'invitation de venir le lendemain.

Cet incident ne fit qu'interrompre un moment les habitudes de la réunion qui se prolongea fort avant dans la nuit.

CHAPITRE IV.

On ne croit boire que chopine,
Et bien souvent on en boit deux.

VIEILLE CHANSON.

Régal. — Rencontre.

JACQUINET ne dormit pas. Il fit des châteaux en Espagne ; et le matin, quand ses enfans se réveillèrent violets, transis, le bonhomme gigotait, riait d'un rire bête à faire plaisir.

—Allons, fils, allons déjeûner, j'ai faim. Aussi vrai que Dieu est Dieu, j'ai été ensorcelé cette nuit. Mais si le diable s'est mêlé de ça, c'est un bon diable, dà !

Et il faisait sonner l'argent qui lui était tombé comme du ciel.

Ils sortirent pour aller trouver l'oncle Pingot, auquel Jacquinet raconta son aventure, après quoi ils se rendirent dans une gargotte du quartier Saint-Jacques. La moitié de la nouvelle fortune de Jacquinet fut absorbée par un régal complet en harengs, en fromage, arrosés d'âpre vin bleu. Ensuite le fils aîné du marchand de peaux de lapins fut livré comme compagnon à Pingot.

Le père le congédia la larme à l'œil : — Va, mon fillot, travaille bien, et l'oncle aura soin de toi. — Beau-frère, il a de l'idée, Maclou ; il ira loin.

Cela dit, Jacquinet, suivi de Noël, reprit le chemin de son logement. Il avait bu, jasé du commerce, du pays, de sa Catharina, sœur de Pingot, tant et tant, qu'il ne pouvait plus que crier en aigre fausset aux fenêtres des cuisines des rez-de-chaussée.

— Pin ! Pin ! Pin !

Cependant Maclou se rendit avec son oncle à son nouveau domicile, rue de Lappe, où ils étaient vraiment en pays ami; car lorsqu'on y entre on est pris aux oreilles d'un grincement de féraille, d'un cliquetis de chaudrons et d'un lourd patois qui disent assez que là est une colonie auvergnate; on se croit vraiment dans une rue d'Issoire.

Vers midi, Jacquinet comparaissait par-devant M. Bellard, qui, enveloppé dans une soyeuse robe de chambre, déjeûnait tranquillement au coin d'un bon feu.

— Combien payez-vous de loyer, l'ami ? demanda le propriétaire.

— Cinquante francs, bourgeois. Cher ! trop cher par le temps qui court !

— On verra à vous diminuer, maître Jacquinet ! Eh, dites-moi, le commerce ne va donc pas maintenant ?

— Hé! pas trop. L'argent est rare, cet hiver.

— Savez-vous à qui la faute?

— Non.

— Allons, vous ne voulez pas me dire votre pensée. Ne craignez rien. Je prends part aux maux du peuple, moi. De quoi se plaint le petit monde?

— Oh! de bien des choses : des patentes, des impôts, des nobles, des riches ; et je vous prie de croire qu'on envoie du blé en Espagne.

— C'est propable, mon vieux. Tous ces grands seigneurs à qui vous voyez rouler carosse, c'est aux frais du pauvre peuple qu'ils le font. Ils n'ont souvent pas un denier à eux ; mais le roi leur donne des places qu'il faut bien payer avec vos sueurs.

— C'est-il heureux?

— Comment?

— Oui, d'être nourri, logé, et pour ne rien faire encore ! Dieu de Dieu !

— Mais c'est injuste, Jacquinet.

— Tiens, mais je le crois. Oh ! si je pouvais les ôter de là !

— Pas possible pour le moment ; mais patience !

—Dame, il y a bien des domestiques qui m'ont dit comme ça : « Notre maître par-ci, notre maître par-là... » Bref, les nobles se doutent que le pauvre monde pourra être embêté de tout ça, un jour.

— Parole ! Vous êtes un bon homme, compère, et je veux vous être utile. Moi aussi j'ai été dans le commerce comme vous : voilà pourquoi j'aime les négocians.

Jacquinet se redresse.

— J'ai fait fortune ; vous pourriez bien faire aussi la vôtre, mon vieux ; pourquoi pas ? En attendant, je donnerai ordre à ma cuisinière de vous occuper à plusieurs ouvrages dans la maison. Vous fendrez du bois, apporterez l'eau, raccommoderez la vieille faïence.

L'Auvergnat était rayonnant.

— N'oubliez pas de me rapporter ce que vous

apprendrez dans le peuple, ce qu'on dit du gouvernement, du roi. Vous comprenez? ça peut être utile à la cause de la liberté.

— O! monsieur Bellard, je comprends, et de reste. Surtout, silence sur ce que je vous dirai, parce que, voyez-vous, je fais affaire avec de bonnes maisons, et si on me soupçonnait, ça ferait torts à mon commerce.

— Ne craignez rien, mon ami... Allons, au revoir!

— Tout à votre service, monsieur Bellard. Oui! foi d'homme!

Le marchand de peaux de lapins s'en allait la joie et la vanité au cœur, lorsqu'arrivé devant la porte du premier étage, il se trouva vis-à-vis d'un gros monsieur qui s'arrêta près de lui.

Jacquinet leva les yeux et se détourna, craignant de heurter ce personnage respectable par son extérieur d'opulence et par son âge qui pouvait approcher de la soixantaine.

— Bon homme? dit le monsieur.

— Plaît-il, bourgeois?

— Ecoutez un peu.

L'étranger sonna au premier étage; un laquais en livrée vint lui ouvrir. Jacquinet, étonné, se laissa conduire dans une pièce voisine.

— Comment c'est toi, Pierre! s'écria le monsieur en se retournant vers Jacquinet dès qu'ils furent entrés. Que diable fais-tu ici? et ta femme, la jolie Catherine, est-elle aussi à Paris?

— Hé! M. Duplessis, je crois, répondit l'Auvergnat.

— Tu ne me reconnaissais donc pas ?

— C'est que, voyez-vous, il y a quinze ans que je ne vous ai vu ; car mon plus jeune est né bien peu de temps après votre départ, et il aura quinze ans dans huit mois.

— Et Catherine? demanda M. Duplessis.

— Elle est morte depuis trois ans.

— Morte ! reprit l'étranger, évidemment ému.

— Hélas! depuis que vous avez quitté notre buron, je n'ai eu que des malheurs. Ma pauvre femme vous aimait; dame!... on s'habitue à voir une personne, quand on reste quelque temps ensemble; quand vous êtes parti, elle a eu du regret, et elle a toujours été dérangée depuis.

Enfin finale, monsieur Duplessis, elle est morte dans mes bras, comme je vous le disais; et alors, j'ai quitté le pays; la misère nous en a fait sortir.

Jacquinet avait le don des larmes, surtout quand il parlait de sa femme; il pleurait donc.

Le visage de l'étranger annonçait aussi un attendrissement qu'il s'efforçait de vaincre.

— Et tu dis que tu as un second fils?

— Oui, monsieur Duplessis, et un beau garçon! le vrai portrait de sa mère.

— Comment l'appelles-tu?

— Noël.

— Sors, et amène-le-moi.

M. Duplessis était bien aise de congédier le pauvre homme, pour lui cacher la douleur qu'il avait éprouvée à la nouvelle de la mort de Catherine.

Jacquinet, aussi facilement remis de son chagrin qu'il en était facilement saisi, se prit à réfléchir à tout ce qui lui était arrivé depuis la veille ; et vraiment, il se crut un homme d'importance et prédestiné à quelque grand bonheur. Il rit, dansa, gambada devant son fils qui le crut fou un moment.

Noël fut débarbouillé pour être présenté à M. Duplessis ; et le père et le fils se rendirent ensemble auprès de l'ancien voyageur du Mont-d'Or.

La noble figure de l'enfant, l'expression grave de sa physionomie, les intonations mélancoliques de sa voix lui valurent un accueil plein de bonté de la part du monsieur étranger. Ce dernier le prit par la main, l'approcha du fauteuil où il était assis et lui parla avec tendresse. S'adressant à Jacquinet :

— Pierre, ton fils me plaît, lui dit-il, je veux faire son bonheur ; il sera élevé avec mon Léon ; je serai pour lui un second père. Ainsi, dès ce moment, je garde Noël près de moi ; va-t'en, commerce pour ton compte, à toi seul, et ne t'inquiète plus de lui.

Jacquinet ravi, éperdu, mit un genou en terre, baisa la main de son bienfaiteur, et, sans souci de l'avenir, il alla passer le reste du jour au cabaret.

Quant à M. Duplessis, le chapitre qui suit va vous le faire connaître. Il y avait alors quelques années que cela lui était arrivé.

CHAPITRE V.

Aquesta estrania amour non si pot estugnar,
Tant fort prégon ieu l'ay dedins ma têta messa.

BERTRAND DE MARSEILLE.

Il n'est pas bon que l'homme soit seul.
(GENÈSE.)

Le vieux Contrebandier.

---

§ I.

PROMENADE.

Ce doit être un bien doux plaisir pour le riche habitant de Paris de quitter, au printemps, les rues sales et bruyantes de la moderne Lutèce, de dire adieu aux joies de l'hiver, aux fêtes vues à la bougie, et de monter dans la berline ou la calèche de voyage. On va à la campagne, aux bains, en Italie, qu'importe. On s'échappe pour jouir un moment de la vie des champs, ou plutôt dans l'espoir de retrouver au-dehors ce que Paris nous refuse; car quoi de plus triste que Paris sans bals et sans soirées? c'est un corps sans âme, un vrai purgatoire, et bien certainement je n'y resterai pas durant la belle saison, quand j'aurai la calèche et de quoi payer les chevaux de poste. J'irai aux eaux alors, c'est ma fantaisie; et pourquoi ne me la passerais-je pas? Je ne suis ni fiévreux, ni goutteux, ni paralytique, toutes choses qui peuvent rendre le séjour des eaux fort désagréables; je n'ai pas l'apparence de la moindre maladie chronique, si ce n'est de certains accès d'humeur noire, spleen et je ne sais quoi encore, occasioné par l'ennui, et de nature à être dissipé par l'exercice et la distraction. Bien sûr j'irai à Spa, à Vichi, aux Pyrénées, partout où je pourrai aspirer, avec l'air pur, des émotions nouvelles. Je commencerai par les Pyrénées; vous ne savez pas pourquoi? eh bien ! je vais vous conter une histoire qui me les a rendues intéressantes.

Il y avait cette année-là quelques personnes du beau monde dans le village de Fort-les-Bains, du moins à en juger par les curieux qui, chaque jour, visitaient ses environs. C'était ordinairement le matin ou le soir que ces désœuvrés étrangers se livraient à leurs promenades, craignant sans doute les vertiges de la calenture pour leurs frêles cerveaux, s'ils les avaient exposés au soleil du midi. Vous eussiez vu alors une élégante Parisienne vagant à travers la campagne, et souriant à l'homme qui lui donnait le bras, en lui montrant les haies de myrte, les champs d'orangers et d'oliviers, accidens ordinaires de ces paysages méridionaux. Ailleurs, c'était un jeune homme qui s'était cru blasé, s'imaginant avoir épuisé la coupe des plus vives jouissances, et qui pleurait à l'aspect de la mer qu'il voyait pour la première fois, sur les grèves de Collioure. Ou bien c'était un artiste gravissant quelque haute montagne, et formant, avec son guide revêtu du bonnet et de la ceinture rouges, un tableau plus pittoresque que n'en présentait aucune des pages de son album. Enfin, des originaux à tête creuse, des amateurs sans goût, çà et là, une vieille coquette suivie de sa levrette et de son sigisbé complétaient la société la plus nombreuse qu'on eût vue à Fort-les-Bains, depuis long-temps.

Or, par une belle soirée du mois de juin, tandis que le Canigou alongeait vers l'orient son ombre gigantesque, et que le soleil, projetant quelques rayons rouges et obliques à travers les arbres odorans, les ceps de vigne et les haies de jasmin, annonçait qu'il devait bientôt disparaître, une légère calèche de voyage allait au pas sur la route qui ramène de Céret à Fort-les-Bains; à quelque distance en avant marchaient les propriétaires de l'équipage, descendus sans doute pour mieux jouir des beautés de la soirée. C'était un couple assez bien assorti, si l'on considère les idées des barbons et des gérontocrates; mais je crois que la personne la plus jeune des deux promeneurs (c'était une femme) ne devait pas goûter intérieurement cet avis; et pour le prouver, il nous suffit de dire que son compagnon était un homme de cinquante et quelques années, au visage rond, au ventre rond, et dont Cyrano de Bergerac n'aurait pas manqué de dire qu'il marchait rondement. Du reste, d'après le système des compensations, sa vivacité balançait d'une manière avantageuse à l'économie de la masse, cet embonpoint un peu excessif; car il était toujours en mouvement. Ses yeux, d'un gris pâle, paraissaient chercher incessamment un objet où s'arrêter; sa main gauche faisait faire un moulinet perpétuel au bâton de chêne vert qu'elle tenait, et son bras droit tiraillait en tous sens la jeune femme attachée à cet appui désagréable. Celle-ci, fraîche et gracieuse, semblait avoir atteint tout au plus sa vingt-sixième année, et aurait pu servir de modèle à un auteur de conte oriental : car elle était toute perfection et ravissante beauté; en un mot, c'était une de ces femmes qu'on a rêvées aux plus beaux jours de sa jeunesse.

Ainsi faite, devait-elle se trouver heureuse d'avoir pour seigneur et maître M. Jean-Nicolas Duplessis, millionnaire, fantasque et membre de plusieurs sociétés savantes.

M. Duplessis fut ravi en voyant sur la route quelques montagnards chaussés d'espadrilles, sorte de sandales souples, attachées autour de la jambe au moyen de cordons en laine rouge, et il en profita pour faire une sortie en faveur des anciens.

— La chaussure, s'écria-t-il, que portent ces sales et paresseux Roussillonnais est un précieux reste de l'antiquité, et c'est un trésor pour l'observateur quand il découvre un type qui n'ait pas encore été effacé par les progrès envahissans.

Chaque siècle porte son caractère en saillies, parfois rudes et heurtées, qui le distinguent, mais que, malheureusement, les siècles suivans dégrossissent insensiblement, sans en laisser même la trace. Depuis deux mille ans, le mouvement de la civilisation, le frottement des peuples entre eux, leur a fait perdre leur première forme, au point qu'on a de la peine à reconnaître chez nous la nuance d'un caractère primitif. Nous prétendons marcher tous les jours vers des améliorations appropriées aux besoins de la société actuelle ; mais pourrons-nous atteindre un but ? travaillerons-nous seulement sur une base, tant que le savant, le philanthrope, l'ami des lumières, n'aura pas une règle certaine de comparaison entre les anciens progrès et ceux que nous faisons ? tant qu'il ne pourra pas dire : — Là s'est arrêté un abus; ici a commencé une transition salutaire. Mais non, on néglige l'étude qui nous conduirait à la connaissance des sociétés anciennes; pourquoi ? C'est que nous aurions souvent à rougir ; c'est que là, où nous aurions voulu voir progrès, avancement de notre côté, il nous faudrait convenir que notre marche a été rétrograde, ou que l'art est resté pour le moins stationnaire chez nous.

Je voudrais bien savoir, par exemple, ce que nous avons gagné en architecture sur les anciens? Nous ne sommes que des enfans auprès d'eux; et nos maisons de carton, nos édifices mirmidons ne pourraient entrer en parallèle avec ces conceptions d'un génie rival du temps, avec ces assemblages de pierres carrées, liées entre elles par un ciment presque indestructible... Qu'en penses-tu, Léontine? Ne dirait-on pas qu'un géant capricieux s'est plu à tordre et à façonner cette arche pour laisser l'humble filet d'eau couler en paix.

La fin de cette boutade, relative à l'architecture, avait lieu en face du fameux pont d'une seule arche, jeté sur le Tech, petite rivière dont les eaux auraient, tout au plus, atteint le gras de la jambe, si on avait voulu la traverser à pied. Ici le loquace amateur commença l'historique dupont, rétablit fort savamment l'époque de sa construction, et donna quelques détails, vrais ou faux, des combats qui y avaient été livrés.

Pendant ces doctes narrations, M. Duplessis, occupé comme un démonstrateur de physique, ne remarqua pas une exclamation comprimée qui échappa à la bouche de sa femme. Voici ce qui l'avait occasionée :

Un homme, assis sur le bord du Tech et paraissant absorbé par l'attention qu'il donnait à un croquis placé sur ses genoux, avait relevé la tête avec vivacité, en entendant la voix de M. Duplessis, et ce geste fut suivi d'une reconnaissance, imprévue sans doute, car la jeune dame et l'étranger restèrent l'un devant l'autre, ébahis, sans proférer une parole. Mais M. Duplessis, ayant enfin aperçu l'artiste, rompit tout à coup le silence :

— Hé, mais! je ne me trompe pas, c'est bien M. Gabriel d'Avila.

— Lui-même, monsieur, qui bénit le hasard de la rencontre inespérée.

— Comment donc, mon cher! ce hasard est pour nous un bonheur, puisqu'il nous rend un ancien ami ; demandez à ma femme si nous ne parlons pas souvent de vous, si nous ne vous aimons pas toujours... Et à propos de cela, ce n'est pas bien, jeune homme, d'avoir quitté Paris sans m'en prévenir et d'avoir interrompu brusquement le cours de vos visites, comme s'il existait un sujet d'inimitié entre nous. Mais vous rougissez, laissons cela.

— Je confesse que le goût des voyages, et une sorte de misanthropie m'ont fait commettre une faute quand je vous ai quitté sans aller vous faire ma visite d'adieu, et je vous jure que je m'en suis repenti souvent pendant les deux mois que j'ai passés loin de vous.

— Mais j'espère, en revanche, que nous sommes ensemble pour long-temps.

— Je comptais partir dans quelques jours; j'ai commencé une tournée d'artiste, et je voudrais être en Italie dans les premiers jours de juillet.

— Allons donc, farceur !... Moi, d'abord, je ne vous laisse pas partir; je ne suis venu ici que par pure complaisance pour ma femme, espérant pourtant me dédommager, en faisant une expédition scientifique d'un voyage d'agrément. J'ai donc mille choses à voir en détail, et comme Léontine ne pourrait m'accompagner partout, je vous la confierai. Ainsi c'est convenu, pendant que je gravirai ces énormes pains de sucre que vous voyez là-haut, vous serez son chevalier.... Ne me faites pas d'objection ; je le veux, je l'exige.

A ces mots, Léontine avait rougi ; mais les yeux de l'étranger, noirs et brillans, s'animaient à mesure que l'embarras de celle-ci allait croissant. Ces yeux ardens étaient le seul agrément d'une figure disgracieuse, du reste, et dont la peau assez semblable à l'épiderme d'un coing, rendait l'aspect encore plus repoussant. On pouvait dire de lui, sans craindre d'outrer la vérité, qu'il était excessivement laid. Et cependant un je ne sais quoi de vague et de mélancolique, empreint sur sa physionomie, intéressait à l'étranger ; on voyait que sous le coup d'amères méditations, il se laissait abattre par la lassitude et le dégoût de la vie. En un mot, c'était un de ces hommes au front desquels un mauvais génie semble avoir écrit en lettres ineffaçables : — Fatalité ! — empreinte qui ne peut être usée que par le tombeau.

Quoi qu'il en soit, les dernières paroles de M. Duplessis firent disparaître le vague, l'indécis sur cette face de jeune homme; et le sourire sardonique qui comprima ses lèvres tout à coup, annonça un instinct dominant, analogue à celui du vautour qui plane sur sa proie. Il prit la main de M. Duplessis, la serra fortement, disant : — Vous le voulez, monsieur ? Je vous obéirai, et je serai l'esclave de madame.

— A la bonne heure, reprit le savant.

Puis la conversation qui suivit eut pour sujet les sciences et l'antiquité. M. Duplessis trouva dans le jeune étranger un auditeur des plus bénévoles, car il écouta ses narrations prolixes avec une patience d'ange; et c'était une qualité essentielle qu'il voulait trouver dans un ami. Il parla donc de tout, à propos de rien ; car le gros petit homme était une encyclopédie vivante, un cahos de mots et d'idées que le moindre incident mettait en ébullition. Quand il fut las d'exercer sa langue, il remarqua que le Tech reflétait en gerbes de diamans les blancs rayons de la lune.

— Diable! diable! fit-il, voici la nuit; et je ne serais pas bien aise de rencontrer quelques-uns de ces flâneurs montagnards en bonnet rouge, ce qui sent les galères d'une lieue. — Gabriel, où demeurez-vous?

— Partout et nulle part, répliqua le jeune homme : aujourd'hui dans la cabane du chévrier, au pied des monts; demain, à l'ombre d'un chêne-vert. J'ai voulu goûter de l'existence au jour le jour de l'homme des forêts.

— Admirable! vous êtes romantique à un point.... Mais il ne s'agit pas de cela; je veux vous rendre à la société, mon cher Gabriel. D'abord, vous nous suivrez dans notre ermitage. Vous ne serez pas de trop, Joseph, mon cocher est un peu poltron. Au fait, je trouve qu'il y a quelque chose d'espagnol et de patibulaire dans la mine des habitans du pays, et je suis persuadé qu'ils entendent trop bien le maniement de l'escopette pour qu'on puisse se fier à eux. Ainsi, comme vous êtes jeune et courageux, je compte sur vous, en cas d'accident.

— Mais, mon ami, interrompit madame Duplessis, songe que tu commets une indiscrétion en arrachant monsieur à ses rêveries, à ses pensées.

— Leur cours est de nature à n'être détourné par nulle distraction, et par votre présence encore moins que par celle de personne autre, madame, reprit l'étranger avec son regard fascinateur.

La jeune dame n'ajouta pas un mot, et bientôt la voiture les eut ramenés à la résidence des baigneurs.

Le lendemain l'aube blanchissait à peine le vieux fort, que déjà quatre individus marchaient à grands pas au milieu du groupe de maisons auxquelles il donne son nom. Le plus remarquable de ces personnages était encore notre savant. Un bâton ferré à la main, des espadrilles aux pieds indiquaient chez lui le dessein de s'aventurer dans les montagnes. Les trois autres étaient un domestique, un montagnard destiné à servir de guide, et le quatrième enfin était le jeune homme que M. Duplessis avait rencontré la veille.

— C'est un tour perfide que je joue à ma femme, disait le savant, et son étonnement sera fort drôle quand, à son réveil, elle apprendra que j'ai disparu. Elle grondera peut-être, mais c'est égal; je vous donne mes pouvoirs, Gabriel, pour la mettre à la raison. Après tout, ce serait comique s'il fallait qu'un mari fût sans fin et sans cesse à l'ombre d'un cotillon, et si un homme sage et raisonnable ne pouvait se dévouer à la science, sans qu'une femme eût le droit d'y mettre son *véto*. Je sais bien que vous autres, jeunes gens, êtes d'avis qu'on doit soupirer du matin au soir aux pieds de ce qu'il vous plaît de nommer ange. Mais je suis persuadé, moi, qu'un tête-à-tête simpiternel est ennuyeux, fastidieux, assommant, et que, quand on s'est redit à satiété mille douceurs fort agréables les premières fois, on finit par se lasser, on s'ennuie, on se querelle, on se boude, on se brouille; et de là les mauvais ménages. Telles sont les préventions qui m'ont dirigé dans toutes mes relations, soit d'amour, soit d'amitié, et je ne m'en départirai pas pour madame Duplessis.

— Votre confiance, monsieur, est d'autant plus méritoire que la plupart des maris qui ont des femmes jeunes et belles se croient obligés de se montrer jaloux et fâcheux.

— Si ce que vous dites là est une épigramme, je puis vous assurer que Léontine ne la méritait pas. Figurez-vous qu'aucun homme n'a tenté d'ébranler sa fidélité conjugale, sans que je l'aie appris.

Le jeune homme pâlit un peu sous le regard immobile du savant, et reprit, affectant de la distraction : — Bah! vous?

— Moi-même; ça vous étonne; mais, voyez-vous, je sais là-dessus des choses qui me rassurent tout-à-fait. En un mot, Léontine ne me cache rien, et c'est de sa bouche que j'ai appris le désappointement d'un certain fat...

— Monsieur, interrompit Gabriel en donnant à sa voix une inflexion douteuse qui tenait de l'interrogation et de l'embarras:

— Auriez-vous entendu parler de cela? Oh! non, c'est impossible, car Léontine m'a juré qu'elle n'avait dit l'aventure à nul autre qu'à moi, et m'a même recommandé le secret. Mais vous sentez que je ne dois pas me refuser le plaisir d'une vengeance que bien peu de maris seraient à même de prendre.

Vous connaissez Oscar de Graville, ce petit freluquet paré, parfumé, suffisant, prétentieux, ennuyeux, qui parle sans cesse de son groom, de ses chevaux, de ses maîtresses? Eh bien! c'est lui qu'elle a éconduit si joliment que le pauvre garçon ne savait plus que dire.

— Vous riez? s'écria Gabriel tout-à-fait remis de son embarras. Quoi ! lui, Oscar de Graville, ce conquérant qui ne demandait que huit jours pour triompher de la vertu la plus invétérée ?...

— Lui-même, mon ami, a été renvoyé comme un écolier. C'était quinze jours après votre départ ; ma femme était triste et boudeuse lorsqu'il arriva tout pimpant. Ayant appris que madame était seule, il fit mille bassesses auprès de la femme de chambre pour être reçu. Puis il fut aimable, agaçant, pour en venir à la déclaration. Il commença, comme toujours, par vanter la beauté, la grâce de Léontine, et sa supériorité sur toutes les autres femmes.

Elle se moqua de lui.

Il lui dit qu'un mot de sa bouche allait décider de son sort, et le rendre le plus heureux ou le plus malheureux des hommes ; qu'enfin il l'aimait de l'amour le plus violent, et que si elle ne répondait pas à sa passion...

Elle lui observa que son groom devait s'ennuyer à l'attendre depuis si long-temps.

Il se jeta à genoux, la conjura de lui montrer de la pitié au moins, sinon de l'amour...

Elle lui rit au nez.

Et moi, j'entrai dans ce moment. Le séducteur se leva brusquement en entendant le bruit de mes pas. Il était pâle et troublé; son sang-froid de roué l'avait abandonné en cette circonstance. Léontine, au contraire, sans être émue le moins du monde, lui infligea alors une question extraordinaire, un supplice de coups d'épingle, en faisant mille allusions moqueuses à la scène qui venait de se passer... Enfin le désappointement du fashionnable était risible à voir.

— Oh! c'est délicieux! excellent! s'écria l'interlocuteur de M. Duplessis, dans un accès de franche gaîté.

— J'étais sûr que cela vous amuserait; mais je vous le raconterai plus au long une autre fois. Voici le soleil qui se lève, et je n'ai pas de temps à perdre. Ainsi, mon cher, je vous laisse pour dérouter les importuns et les sots de cette espèce qui s'aviseraient de chasser sur mes terres. Adieu donc, Gabriel, nous nous reverrons ce soir.

— A ce soir, répondit le jeune homme; et ils se quittèrent : l'honnête mari suivant son guide avec un empressement comique; le jeune homme parcourant au hasard les montagnes qui avoisinent le fort, et exhalant, dans un monologue énergique, ses émotions long-temps comprimées. Il regarda un instant le gros homme qui s'éloignait, et s'écria :

— Bien, félicite-toi, homme crédule, du choix de ton confident! Il t'en remercie, car tu lui as révélé un secret qu'il aurait acheté au prix de tout son sang! Oui, merci! car ce que tu viens de me dire me donne la certitude que Léontine peut m'aimer. Son silence, qui semble respecter la passion que je lui ai déclarée, n'est-il pas, malgré ses refus, une preuve irrécusable d'intérêt?... Après tout, quoique je sois hideux, oh! bien hideux, une femme ne peut-elle pas être mienne?... En tout cas, j'ai été dupe de ma raison, stupide de fuir loin d'elle, puisqu'il m'est impossible de jamais étouffer cette flamme brûlante qui calcine ma poitrine. Il me faut Léontine! il me la faut!... A l'abri de sa réputation de vertu, de ma laideur à moi, il nous sera si facile d'épuiser ensemble la coupe des plus délirantes voluptés!

Pourtant, encore une fois! elle me trouvera d'une laideur trop repoussante, elle, si belle, si angélique!... Mais va-t'en donc, démon de l'indécision! Grand malheur, ma foi, quand je serais forcé de n'avoir pour dénoûment de mon drame qu'une dose d'opium ou un coup de pistolet!

Ah! je songe à la mort déjà! c'est une folie, un mirage de mon cerveau, que je veux rejeter bien loin. Je veux que mes pensées soient fraîches et riantes comme la femme que j'aime, aériennes et dorées comme cette belle nature!

En même temps il promena un regard morne sur le paysage ravissant qu'éclairait le lever du soleil; il chercha une émotion douce dans l'aspect des champs fertiles et variés, des montagnes tapissées d'arbustes et de jaunes immortelles, dans la fraîcheur de la brise qui caressait le feuillage onduleux des chênes-verts. Mais ni le souffle du vent embaumé par les émanations des fleurs, ni le spectacle joyeux d'une nature pittoresque semée des teintes les plus suaves, ni l'espoir de posséder la femme qu'il adorait ne purent ranimer son âme au bonheur.

— Mais, reprit-il, pourquoi ne vouloir pas me courber sous la loi de mon existence ? Je suis sombre et morose ; eh bien ! la jeune fille est insouciante et rieuse ! que le hasard ou la Providence en aient ordonné ainsi, ce n'en est pas moins une nécessité qu'il me faut subir ; car cette même Providence, dans la répartition des félicités humaines, n'a-t-elle pas mis tout d'un côté et rien de l'autre ? n'a-t-elle pas ses élus qu'elle comble, ses esclaves qu'elle attache à la glèbe ? Moi, je suis du nombre de ces derniers ; voilà tout !

Il redescendit vers le village, en marchant

d'un pas ferme ; il était calme en apparence, car il n'y avait plus d'indécision en lui.

En entrant dans une des maisons les moins chétives de Fort-les-Bains que M. Duplessis avait louée pour le temps de son séjour aux eaux, il fut reconnu par une agaçante jeune fille.

— Ah ! monsieur Gabriel ! s'écria-t-elle, il y a bien long-temps que nous nous sommes vus. Mon Dieu ! entrez donc ! vous êtes là debout, la mine consternée comme si vous aviez peur de quelqu'un ici ! Ne craignez rien, ma maîtresse sera bien aise de vous voir; allez ! Ah ! monsieur Gabriel ! comme nous sommes changés, nous aussi, depuis votre départ ! Vous savez que madame était autrefois gaie et bonne enfant ; eh bien ! aujourd'hui ce n'est plus cela, sa gaîté s'est envolée ; madame déteste les soirées, la toilette ; elle ne se trouve bien que là où elle n'est pas ; elle gronde du matin au soir, que ce n'est pas facile de la contenter, allez ! et que j'ai bien dans l'idée que c'est votre faute.

— Comment donc, Justine?

— Pardieu ! c'est bien facile à voir : vous vous en allez, vous nous quittez, qu'on ne sait si vous êtes parti pour Pékin ; ça trouble, ça inquiète toujours, voyez-vous ; et puis, avec ça, madame, qui me demandait tous les jours : A-t-on des nouvelles de M. Gabriel ? qu'est donc devenu M. Gabriel ?

— Ne vous moquez pas de moi, Justine, et dites-moi si madame Duplessis est visible.

— Pas pour un autre, mais bien pour vous, j'en suis sûre, répondit la femme de chambre en ouvrant une porte vitrée qui donnait sur un jardin rempli de fleurs et de plantes odorantes. Madame Duplessis, en robe blanche et dans un élégant négligé du matin, était debout devant un massif d'arbustes exotiques qui croissaient là, en pleine terre, comme dans leur climat naturel. L'attention qu'elle semblait leur prêter ne fut distraite qu'au moment où le jeune homme arriva à ses côtés ; mais un observateur sagace aurait pu voir que cette préoccupation affectée cachait la crainte de trahir une pensée intime.

— Madame, lui dit Gabriel embarrassé, je craindrais que cette visite matinale ne fût importune, si M. Duplessis ne m'avait assuré que je puis vous rendre mes devoirs à pareille heure sans vous déranger.

— Sans doute, monsieur, votre obéissance à l'invitation de mon mari mérite des éloges. Si cependant ce zèle vous coûte trop, soyez persuadé que je ne voudrais-pas vous voir contraint à une chose désagréable, à cause de moi.

— J'avais pensé, madame, que vous me connaissiez mieux ; mais j'éprouve aujourd'hui que l'absence est souvent un tort.

— Ajoutez : Quand l'absence est volontaire, quand elle tient à une humeur capricieuse, inconstante. Mais je n'ai pas le droit de me plaindre, puisque notre séparation a éclairé un jugement trop favorable que j'avais porté avec précipitation.

— Je vous comprends, celui que vous aviez

d'abord formé à mon égard était flatteur pour moi ; n'est-ce pas ce que vous dites ?

— Je puis l'avouer, monsieur, lorsque maintenant le prestige est tombé.

— O Léontine ! vous me rendez la vie en me disant cela ! mais vous qui m'accusez de caprice, vous ne savez pas tous les justes reproches que je pourrais vous adresser, car vous avez eu tort, grand tort envers un infortuné.

— Il serait curieux que cela fût vrai, interrompit Léontine d'une voix tremblante.

— C'est vrai, reprit Gabriel avec impétuosité, comme il est vrai que je suis le plus malheureux des hommes, un être abject, parce que je n'ai pas su lutter contre ma propre misère ; oublié, parce que je suis laid et pauvre ! détestant l'humanité enfin parce que je n'ai à attendre des hommes que persécution ou dédain !..... Mais écoutez, madame ; et vous verrez que je n'en serais peut-être pas là, si vous m'aviez fait plus tôt l'aveu de ce qui vient de vous échapper.

— Vous rappelez-vous le jour où je me rendis auprès de vous pour la dernière fois, il y a environ deux mois ? Je parus en grand deuil, et ce n'était pas sans raison. Je venais de perdre un homme qui était tout pour moi et à qui j'étais attaché par des liens dont je n'ai jamais connu la nature. Don Pimentel d'Avila, grand d'Espagne, résidant souvent à Paris, m'avait envoyé fort jeune dans cette capitale, et avait toujours pourvu aux besoins pécuniaires qu'exigeait mon éducation. Du reste, taciturne, cérémonieux, cet homme était pour moi une énigme que je ne m'expliquai pas. Pourquoi cette bienfaisance dépouillée de toute démonstration affectueuse? Pourquoi ne levait-il pas le rideau qui couvrait l'aurore de ma vie, quand il était probable qu'il le pouvait si bien ? Enfin qu'était-il pour moi cet être raide et compassé? était-ce un père, un bienfaiteur ou un tyran? Plus tard, quand j'entrai dans le monde, j'essayai d'obtenir la solution de ce problème par des questions indirectes; mais lui éluda toujours de me répondre, me laissant former mille conjectures sur l'identité du nom d'Avila que nous portions tous deux. Du reste, une existence honorable semblait m'être assurée ; j'étais riche, heureux, et je devais peu m'attendre à un retour de fortune. Cependant mes sombres rêveries me faisaient souvent pressentir une calamité prochaine.... Elle arriva! Don Pimentel mourut sans faire de testament ; et moi, qui étais en apparence étranger pour lui, je n'eus rien à réclamer de son héritage. En outre, par sa mort, je perdais l'espoir d'obtenir une place brillante qu'il me réservait à la cour de Madrid.

Il me restait une branche à laquelle m'attacher dans mon malheur ; vous la brisâtes, madame. Je m'étais dit :—Que m'importe la privation d'une fortune due à la faveur, à une protection dont je n'appréciai jamais le mérite! Que m'importe la perte d'une position sociale que la mort d'un homme a pu m'enlever! J'échangerai mes soirées de salon contre les veilles de l'artiste ; au lieu du désœuvrement de l'homme du monde, j'embrasserai les nobles travaux de celui qui a la faculté de créer ; je puiserai à une source poétique plaisirs et indépendance !

Rien alors ne semblait impossible à mon imagination ; et mon âme, grandie par l'infortune, inspirée par l'amour, s'ouvrait à toutes les impressions du génie, et me faisait peintre et poète. C'est que j'étais dans un de ces momens d'heureuse exaltation qui ne reviennent pas deux fois dans notre carrière ici-bas ; c'est que mes facultés intuitives surgissaient comme un éclair de mon cerveau, devant vos harmonieuses perfections. Car c'était vous que je rêvais, vous qui étiez pour moi le type de toute beauté, de toute félicité.

Mais que vous fîtes tomber promptement l'illusion dont j'avais bercé ma jeunesse ! Comme votre cruelle indifférence glaça tout ce feu que je croyais du génie, et qui n'était que la conscience de ma brûlante passion ! Léontine, je n'en serais pas venu à n'avoir plus foi en moi ; je serais devenu quelque chose dans ce monde, si vous n'aviez pas écouté mes paroles comme celles d'un enfant, ou tout au plus d'un homme sottement avide de bonnes fortunes ! Ah ! madame ! que vos dédains m'ont coûté cher ! Je pensai que vous aussi mesuriez votre estime au degré de fortune ou d'élévation que l'on possédait ici-bas, que j'étais un fou, avec mon visage disgracieux, d'oser prétendre à me faire aimer de vous.

Ayant la conscience de ma laideur et de ma pauvreté, je pris facilement ombrage. Je crus être déplacé, ridicule, et je m'efforçai de vous quitter, d'aller me cacher loin de vous. J'y réussis.... Mais mon âme, affadie par mes tristes pensées, a perdu toute son énergie dans cette solitude, et le manteau de la méditation n'a été qu'un voile de deuil jeté entre le monde et moi, et dans ces lieux écartés, mon intelligence, loin de se réchauffer au feu de l'inspiration, ne réfléchit plus les objets que comme un miroir terni.

Oh ! j'ai bien besoin qu'une voix amie apporte

un baume à mes douleurs, et qu'une bouche de femme me dise des paroles de consolation! Mais, hélas! il faut que je cesse de chercher une sympathie au-dehors, et que je reste plus solitaire et plus abandonné que l'ours de ces montagnes!

A mesure que Gabriel avançait dans sa justification, les beaux yeux de Léontine exprimaient un intérêt croissant. A la fin, elle voulut cacher sa profonde émotion sous l'apparence du calme.

— Je suis affligée, dit-elle, de voir le degré d'égarement et de désespoir auquel la solitude a conduit un homme raisonnable.

— Quoi! madame, c'est donc le genre de pitié que vous éprouvez pour les angoisses qui déchirent mon cœur? Elle est banale, votre pitié! Mais de quoi me plaindrais-je? les heureux du monde regardent toujours les maux des autres comme imaginaires, et ne considèrent pas si cette faculté d'imaginer n'est pas dans quelques êtres à part, tout l'homme, toute la vie!

— Ah! vous êtes bien injuste envers moi! Si

vous saviez combien je désire vous voir heureux !

— Vous le dites ; mais le prouveriez-vous ?

— Le puis-je, lorsque vous doutez de moi ?

— Que votre cœur réponde à l'ardeur du mien, et je n'en douterai plus.

— Ah ! monsieur ! je n'aurais pas cru que la confiance que vous a accordée M. Duplessis dût être pour vous une occasion de le tromper si indignement et de me détourner de mes devoirs.

— Que votre époux soit confiant ou non ; qu'on m'appelle fourbe, suborneur, je m'en inquiète peu ! L'opinion des hommes est un bien dont je ne fais plus de cas, et j'en suis arrivé à ce point où la duplicité et la franchise, le crime et la vertu sont tout un pour moi. Léontine, vous frémissez ! je suis un monstre ! Eh bien ! c'est vous qui m'avez fait tel que vous me voyez ; car c'est vous seule que je désire ; pour vous posséder, je commettrais des atrocités : tout le reste me trouvera froid, insouciant...

— Gabriel, l'infortune vous aveugle, ou

vous êtes un homme détestable. Ah! par pitié, calmez cet emportement, et ne me forcez pas de vous bannir par de dures paroles. Je me suis déjà bien repentie de vous avoir ordonné de me fuir. Faut-il que j'y revienne encore?

— Je me poignarderais plutôt que de vous obéir, répondit le jeune homme sombre et déterminé.

— Vous me faites trembler; et le cruel sang-froid avec lequel vous dites cela me désespère. Que vous ai-je donc fait pour que vous me rendiez si malheureuse? Je vous en supplie, mon cher Gabriel, séparons-nous... Mon Dieu! on vous verra peut-être!.. Laissez-moi, laissez-moi donc!

Elle s'était glissée, comme une timide colombe, sous un berceau touffu de jasmin et de chèvre-feuille, et là, s'était tapie dans un coin, pensant éviter sa poursuite. Mais l'ardent Espagnol, prompt comme l'éclair, embrassait encore ses genoux.

— Que crains-tu, ma Léontine? lui dit-il

d'une voix plus douce, ton époux est loin d'ici, tout est calme et mystère autour de nous, et notre amour sera sans témoins. N'est-ce pas, mon amie, tu veux bien me réconcilier avec la vie? Car, loin de toi, vois-tu, je n'ai pour ressource contre moi-même qu'un prompt anéantissement.

— Gabriel, mon ami, n'abusez pas d'une pauvre femme, glacée à la vue de votre exaltation. Ne me rendez pas parjure à mon serment d'épouse.

— Ton serment! reprit-il avec un rire amer; mais tu ne sais donc pas qu'il n'y a que les dupes qui croient à la foi du serment? D'ailleurs, la loi qui te donne à un homme indigne, cette loi conventionnelle doit être foulée aux pieds, car elle n'émana jamais de la céleste Providence, qui te créa pour être admirée, aimée, adorée!

Et il serrait la jeune femme dans ses bras.

— Oh! dis-moi, dis que tu veux être mienne, me consoler dans mes longues douleurs!

— Impossible! répondait-elle en le repoussant. Jamais!

— Impossible! Jamais! L'enfer seul, la damnation doivent prononcer ces mots! mais, toi, ange d'amour, toi, dont un sourire fait bondir mon cœur blasé d'amour et de malheur, tu mens à ta destinée en disant ces mots! nous serons désormais l'un à l'autre.

— Gabriel, tu me perds, murmurait Léontine frémissante.

— Eh bien! oui! que j'en porte le crime! Toi, tu es pure, sans tache; moi, je suis ton démon, ton esprit tentateur. Qu'importe, pourvu que je ne me réveille pas de cette extase!.......

Le soir, madame Duplessis, naturellement gaie et légère, fut un peu triste et abattue; et M. d'Avila, moins sombre que de coutume, quoique descendant rarement à ces petits soins que les femmes minaudières et vaporeuses exigent de certains hommes, fit preuve d'une complaisance parfaite, et montra tant d'intérêt au violent mal de tête dont se plaignait Léontine, que l'époux de celle-ci fut charmé de ses attentions. Le docteur fut appelé, ordonna un bain de pieds et une potion calmante.

Gabriel se retirait doucement après avoir échangé un regard d'intelligenc avec Léontine. Mais, M. Jean-Nicolas Duplessis, bavard comme un savant, avait peine à le laisser aller.

— Au diable la fièvre et le mal de tête! disait-il, qui m'ont empêché de vous faire admirer mes richesses, monsieur d'Avila.

En même temps il désignait une longue boîte de fer-blanc remplie de morceaux de lave, d'herbes, de cailloux et d'autres curiosités semblables.

—J'ai trouvé une mine inépuisable d'observations pour l'antiquaire, le physicien, le géologue, e naturaliste dans cette vaste chaîne de montagnes évidemment primitives et qui n'ont pas changé de forme depuis que Dieu les a posées sur leurs solides fondemens : car je suis loin de partager le système qui attribue la formation des montagnes à une révolution intérieure du globe, système, du reste, qui n'est point nouveau, mais que, de nos jours, on a emprunté aux bizarres théories de Thomas Burnet, de Wodward, de Ray, de Lazaro Moro, de Schlulze et de tant d'autres qui ont servi de lumières à nos plus célèbres naturalistes. Mais je me propose de faire insérer dans le prochain *Annuaire des longitudes* mes théories sur ce sujet, qui, je l'espère, feront sensation. En attendant, je continuerai mes remarques sur le monte Canigo, sierra de Guara, col de Pertuis, etc., etc.; et mon but sera d'éclairer l'industrie française sur le parti à tirer des matières métalliques renfermées dans les flancs des Pyrénées. A propos de cette dénomination, je trouve que Diodore de Sicile la faisant dériver du grec *pur, puros*, qui signifie feu, avance qu'elle fut déterminée par un embrasement des forêts qui couvraient ces montagnes, duquel embrasement parle encore Aristote. Mais, sans prétendre nier la justesse d'une étymologie consacrée par son ancienneté, je croirais plutôt que le nom de Pyrénées leur a été donné à cause du grand nombre de pyrites que j'ai cru reconnaître dans quelques endroits inaccessibles. J'en porte ici un échantillon dans lequel j'ai trouvé la pyrite marcassite, la pyrite sulfureuse, la pyrite vitrolique, la...

— Pardon, monsieur, si je vous interromps ; mais je vous prie de remarquer que madame semble s'endormir, et que, par conséquent, elle perdra tout le fruit de votre nomenclature.

— Ah ! c'est vrai, Léontine n'en fait pas d'autres, et une conversation savante sera toujours pour elle le narcotique le plus efficace.

Le gros savant retira la main qu'il avait approchée de sa boîte, et la tendit affectueusement à Gabriel, qui le quitta en murmurant entre ses dents : — Mon Dieu ! qu'il est bête, et que je le déteste cet homme !

§ II.

LE SECRET.

—Léontine, vous êtes infatigable aujourd'hui; mais songez que nous sommes sans guides, et que nous pourrions nous égarer parmi ces rochers que je connais à peine.

— Avec vous je ne crains rien, mon ami, et

puis cet air qu'on dirait créé pour des ailes d'anges, ces fraîches haleines du matin me donnent un courage qui ne m'est pas ordinaire; voyez-vous cette roche couverte de mousse qui surplombe au-dessus de nos têtes ? je veux que nous l'ayons atteinte avant cinq minutes.

C'étaient encore Léontine et Gabriel. Aussi indépendans que les ramiers sauvages, ils erraient aux sites pittoresques qui avoisinent Fort-les-Bains, tandis que M. Duplessis courait d'un autre côté.

Ils parvinrent, non sans quelques fatigues, à une espèce de plateau que soutenait le rocher indiqué par Léontine. Dès qu'ils y furent arrivés, elle tressaillit de joie à la vue du spectacle brillant qui se développa à ses yeux. D'un côté l'on découvrait les plaines du Roussillon, cultivées, riches, émaillées de fleurs; de l'autre, c'était une gradation de montagnes couvertes de chênes verts, de pins gigantesques, tout cela varié de nuances sombres ou riantes formées par les défilés étroits, les larges gorges à travers lesquelles apparaissait le ciel bleu de la Catalogne.

Et au ravissement de ces points de vue pittoresques se joignait le charme de la décoration du lieu où se trouvaient les deux amans. Le devant de cette plate-forme était nu, et ne devait à la végétation que quelques mousses et les immortelles fleuries qui y croissaient en grand nombre. Mais, en avançant vers un amphithéâtre de rochers qui la dominaient et auxquels elle était adhérente, on rencontrait un sanctuaire impénétrable aux rayons du soleil, formés par les arbres verts, les clématites, les plantes grimpantes de toute espèce qui étalaient une délicieuse verdure.

— Eh bien, Gabriel! sommes-nous payés de nos peines? s'écria Léontine en quittant le bras du jeune homme. N'est-ce pas un délicieux aspect que celui de ces créations sublimes? Que de poésie renfermée dans le tableau qui nous entoure! Ah! je comprends maintenant l'amour des voyages; car c'est la soif des émotions nobles et grandes. Dites, mon ami, ne vous semble-t-il pas qu'ici l'âme plane au-dessus de l'humanité ?

— Oh ! oui ! répondit Gabriel, mais c'est pour se replier sur elle-même. Quant à moi, la contemplation de ces belles merveilles m'a toujours plongé dans de pénibles méditations. Si vous saviez combien de fois je me suis abandonné dans ce lieu même à de vagues rêveries !... combien de fois je me suis rappelé le roman de ma jeunesse, en frémissant sur toutes ses pages qui ne se sont pas réalisées! Ma pauvre amie ! c'est ici que je me suis flétri, que j'ai usé toutes mes sensations intimes à penser de moi : au point que je n'ai plus d'aptitude au bonheur, et qu'il me manquera toujours quelque chose. Pardonne-moi, ma Léontine, tu t'es donnée à moi, et j'ai tout ce que je pouvais désirer sur la terre. Mais écoute.

Avant de te revoir, en contemplant ce ciel espagnol, je disais : Là-bas sont de vraies joies; là-bas, des voluptés qui dilatent l'âme, qu'on respire dans l'air, le soir à la promenade, sous les orangers, qui enivrent la nuit, pendant la causerie, au clair de lune. Là-bas sont des amours de femmes, ardens, impétueux, qui m'ont manqué, à moi, qui ne suis qu'un arbre desséché, loin de son sol natal. Oh! ma belle Espagne! j'étais bien jeune, en te quittant, et pourtant je n'ai compris de bonheur possible pour moi que sous ton doux climat. Mais j'ajoutais toujours : *elle* n'y est pas; et, sans elle, je serais étranger dans ma patrie.

— Bien vrai, tu disais cela ?

— Oui; mais le rêve était trop beau pour se réaliser jamais.

— Tu crois! Où conduit le sentier escarpé que j'aperçois là-bas, au-dessous de nous?

— En Espagne.

— Je veux y aller avec toi, Gabriel!

— Y penses-tu? songes-tu que tu ne t'appartiens plus pour te donner ainsi à moi et vivre de ma vie? La société impérieuse te réclame, et j'aimerais mieux mille morts que de causer ce qu'on appellerait ton déshonneur. Sais-tu d'ailleurs qu'avec l'artiste pauvre, ignoré, sans appui, la plus perçante misère serait sans doute ton partage?

— Hé! qu'est-ce que cela me fait puisque nos sorts seront communs? En vain tu veux me retenir par ces frivoles motifs; en vain tu m'opposes mes engagemens; je les romps dès ce moment. M. Duplessis, je le hais! Oh! laisse-moi te suivre partout, mon Gabriel! nous vivrons en Espagne, riches d'amour et d'ineffables sensations. Nous dormirons à l'ombre des frais bosquets de l'Andalousie; nous verrons Grenade, l'Allambra, avec son luxe oriental.

— Enfant que tu es! laisse donc ces folles idées qui me donnent des regrets.

— Mais on dit que les femmes y sont belles : tu me jures d'être toujours à ta Léontine, n'est-ce pas Gabriel?

En s'approchant de lui elle avait aperçu, entre les boutons de son gilet, un médaillon d'or, orné d'arabesques; et, par un mouvement de curiosité enfantine, elle s'était emparée de ce bijou, qu'elle voulut considérer de près. Mais la vue du portrait, car c'en était un, changea son air de franchise et d'épanchement en une morne attention. La miniature représentait une tête de femme d'une régularité peu commune; mais l'expression de la physionomie en était si forte et si étrange, qu'elle devait déplaire aux amateurs de beautés douces et tranquilles. Celle-ci avait quelque chose d'impétueux dans son œil de jais, qui faisait frissonner au lieu d'inspirer de calmes émotions. Du reste, ces traits et le costume du buste annonçaient que l'original appartenait à la nation espagnole.

— Pardon, monsieur, balbutia Léontine pâle de désappointement, le hasard m'a rendue indiscrète, mais du moins je ne serai plus dupe.

— Je vous jure, amie, que je ne connais pas la personne que représente ce portrait, et que je l'ai sur moi depuis mon enfance, comme une relique, une amulette que j'aime par instinct, mais à laquelle je renonce dès aujourd'hui.

— Ne jurez pas, répliqua Léontine en se détournant pour essuyer une larme, car ce trouble me dit assez que j'ai été indignement trompée. Mais j'ai tort de vous faire des reproches : elle est plus belle que moi.

— Amie, dit-il, c'est un mystère de honte et d'infamie qui devait rester là, enseveli dans ma poitrine. Sa révélation me coûtera peut-être ton affection. Tu ne me parleras plus de me suivre en Espagne après, et cependant ta jalousie exige que je parle; je t'obéirai. Il y aurait trahison de ma part à te taire l'opprobre de ma naissance; je vais donc te dire tout; tu vas savoir qui je suis et par quels liens j'appartiens à M. d'Avila.

— Oh! parle! parle! je serai à toi, toujours à toi! pourvu que l'amour d'une autre femme ne soit pas mêlé à ta vie.

— Il y a huit jours, j'allais errant dans la montagne et je pensais à toi. La lune brillait au ciel, et l'on n'entendait au loin que le bruissement des feuilles et le chant des insectes, lorsqu'un cri, semblable à la voix de l'aigle, interrompit le calme de la nuit. Je regardai, et je vis à quelques pas de moi un individu de grande taille et d'un extérieur passablement suspect; car sa veste de drap brun, sa culotte qui laissait voir des jambes velues, son chapeau de feutre blanc étaient tellement usés, déchirés, qu'ils annonçaient la plus dégradante misère. Et ce qu'il y avait encore en lui de moins équivoque, c'était la carabine sur laquelle s'appuyait sa main droite, tandis que l'autre caressait un *ganivet*, placé dans son gousset.

Ainsi fait et adossé à un fragment de rocher grisâtre, on aurait pris de loin cet être bizarre pour une lugubre cariatide grimaçant au monde et à la civilisation qui étaient à ses pieds. Du reste le visage de cet homme était tout un drame; il y avait sur son front chauve plissé, tanné, un abîme de pensées raides, moroses; on croyait voir des taches de sang noirci dans sa main rugueuse. En un mot, un geste, un mouvement du brigand déterminait une conception forte dans l'âme du spectateur et faisait tressaillir involontairement. Mais le cri qu'il venait de pousser était de nature à ne pas laisser de doute sur ses intentions.

— De l'argent! avait-il crié se tenant toujours dans la même position. Je ne fis pas un mouvement. Je ne répondis rien. J'étais muet de surprise, il leva le canon de sa carabine et me mit en joue. Mais, comme par l'effet d'une soudaine réflexion, il plaça son arme sous son bras et marcha vers moi d'un pas décidé. Alors j'avais repris mon sang-froid; je l'attendis, et dès que je le vis assez rapproché, je m'élançai sur lui par un bond impétueux et je le renversai. Cependant le brigand, quoique d'un âge voisin de la décrépitude eut bientôt repris le dessus, et il se releva en m'appuyant le pied sur la gorge.

J'avoue que je tremblai alors, et qu'une sueur froide me baigna le front. A travers le nuage répandu sur mes yeux je voyais les traits de l'assassin, âpres, implacables comme le rocher contre lequel vient se briser l'algue marine, je voyais ses lèvres écumantes articuler ce seul mot :

— La mort !

Et je répondis : Grâce ! grâce !...

Lui, il me déshabillait, arrachant mes vêtemens par lambeaux, lorsque sa main rencontra ce médaillon, il le saisit, l'approcha de ses yeux, et me relevant :

— Par l'enfer ! dit-il, qui t'a donné ce portrait ? qui es-tu, jeune homme ?

Il ajouta en regardant la miniature :

— Oh ! c'est bien elle ! ce sont ses yeux brûlans comme de célestes étincelles, c'est sa bouche sur laquelle j'ai savouré la volupté goutte à goutte. Ah ! étranger ! dis-moi ton nom, je t'en supplie.

— Je ne vois pas, répondis-je au comble de l'étonnement, pourquoi Gabriel d'Avila devrait le cacher.

— Gabriel d'Avila, as-tu dit ? Ne te trompestu pas? Si c'est vrai, je puis mourir en paix maintenant : Mariella, j'aurai embrassé ton fils!

Et il serrait dans ses bras celui dont naguère il voulait boire le sang. — Tu es étonné, tu ne me comprends pas? disait-il; mais c'est une vieille histoire qu'il faut te raconter. Mets-toi là sur ma cape trouée; ne regarde plus avec terreur ma carabine et mon couteau castillan : pour toi ce sont des amis maintenant.

Sans voix, et presque insensible, j'obéis à l'ordre de cette créature étrange qui me fit placer sous un vieux pin. Je puis te redire, sans y rien changer, ses paroles qui sont écrites là et dans mon âme aussi.

Cruel homme! il voulait justifier par le sophisme les forfaits les plus épouvantables.

Gabriel ouvrit son album et se prépara à lire ce que le brigand avait appelé :

§ III.

UNE VIE D'HOMME.

— Je fus destiné au cloître dès ma plus tendre jeunesse. Mes parens, bons bourgeois de Madrid, avaient jugé que cette carrière était un moyen sûr en Espagne de parvenir à la fortune. Mon caractère actif et bouillant ne leur fit pas élever le moindre doute sur mes dispositions futures. Ils s'étaient dit : notre fils sera moine ! et ils n'avaient pas soupçonné que des inclinations paresseuses, casanières étaient des qualités essentielles pour qu'un homme supportât longtemps l'existence au couvent.

Et moi, simple, ignorant que j'étais, je me lançai d'abord, avec toute la fougue de ma jeunesse, dans une pieuse exaltation qui fut pour moi la source de bien des jouissances intérieures. Obéissant, résigné, j'étais le modèle des novices du couvent de Saint-Laurent de l'Escurial, et jamais l'ordre des Jéronimites n'avait eu de sujet plus ardent à la prière et à tous les pieux exercices. Sombre comme les longs corridors de notre couvent, je n'avais d'autre passion que celle de la dévotion, d'autre pensée que celle de l'éternité. Je méditais sans relâche l'idée de Dieu. Je ne voyais pour moi pas d'avenir possible si elle n'était pas toujours à mon chevet. Je ne concevais pas le fol amour des joies terrestres, et la peinture des voluptés mondaines me faisait mal, ou me rendait furieux ; car ma religion était austère, fanatique, intolérante.

Mais ces illusions passèrent avec le temps de mon noviciat, et une seule circonstance suffit pour réveiller mes sens de leur longue léthargie, et me plonger dans un genre de méditations nouvelles. C'était le jour de mon ordination. Plusieurs frères devaient la recevoir en même temps. Mais aucun d'eux ne semblait attirer autant d'intérêt que moi, le jeune Fray Ricardo.

Emu, j'entrai dans la magnifique église de l'Escurial, parée pour la lugubre cérémonie et bigarrée d'hommes de cour, de moines et de femmes que j'entrevoyais vaguement, absorbé que j'étais par la solennité de mes engagemens.

Ici pensais-je, sous ce drap noir, est tout un avenir de prières et de mortifications ; ici un pacte sacré entre Dieu et moi, que je jure d'observer éternellement!

En me relevant, je vis une jeune femme en larmes et qui me regardait. C'était dona Pimentel d'Avila.

Je m'aperçus alors que j'étais déjà parjure; et que sous ce froc odieux battait un vrai cœur d'homme. Je compris que la vie monastique, terne et monotone, que ces actes d'une dévotion factice, ces prières dans la cellule, à la chapelle, au réfectoire, partout, n'étaient pas ma vocation; et, dès lors, je souffris toutes les douleurs d'un vivant attaché à un corps mort. En vain je redoublai d'énergie pour rester attaché à mes premières affections; en vain je tombai au pied de la croix, en demandant à Dieu de m'arracher à ma misère. La tête couverte de cendres, je me roulais la nuit sur les dalles de ma cellule; j'ébranlais de mon front ses murs lézardés, espérant échapper à mon désespoir par la douleur. Mais une voix, toujours la même, était là stridente à mon oreille, qui me parlait d'elle....... sans cesse d'elle.

— Oh! combien de fois aride et brûlant je me suis élancé dans les jardins du cloître, implorant la mort qui ne venait pas; je maudissais cette Providence qui m'avait jeté sur la terre seul, et comme un proscrit loin de son pays..... Je devins athée.

Je regardais d'un œil d'envie les compagnons de mon esclavage, satisfaits dans leur atonie et dans leur brutale oisiveté : j'étais jaloux des hommes heureux et des moindres créatures placées selon le vœu de la nature.... Je devins misanthrope.

Et puis la pensée du suicide se dressa devant moi ; et j'aurais quitté la terre sans regarder en arrière, si une circonstance nouvelle n'était venue suspendre ce dénoûment probable de mon drame.

Quoique je n'eusse plus qu'à croiser les bras et passer à un autre monde, j'attendais toujours un lendemain. Je suivais encore les exercices du couvent par dérision; je m'agenouillais au pied de l'autel par grimace. Mais pendant que les moines psalmodiaient, des parodies burlesques d'hymnes sacrées me traversaient le cerveau ; des figures monstrueuses, des sphinx bizarres m'élevaient au-dessus de tous ces petits hommes; et je planais sous les voûtes du temple comme une goule, comme un génie infernal.

Un soir, accablé de poignantes réflexions, seul dans la vaste église de Saint-Laurent, je vis entrer une jeune femme pliée dans une mantille noire. Elle se prosterna, je m'approchai, et mon cœur bondit à briser ma poitrine quand j'eus reconnu en elle dona Pimentel. Elle priait avec ferveur; et, se croyant sans témoin, balbutiait des paroles que je pouvais entendre et que j'écoutai béant, lorsqu'elle prononça le nom du Fray Ricardo. — Oh! par miséricorde, bonne Vierge, s'écriait-elle, éloignez cet amour de moi, et faites que mon cœur ne soit pas adultère pour un moine!....

— Un moine, ce n'est donc pas un homme, señora? interrompis-je à mon tour.

Un coup de foudre aurait été moins accablant pour elle que le son de ma voix en ce moment. Je la reçus dans mes bras; et, en reprenant ses sens, elle m'appartint. En vain elle eut recours aux larmes, à l'indignation; je la subjuguai au point qu'elle m'accorda toutes les entrevues que je lui demandai, et qu'elle fut pour toujours mon amante, ma femme.

Mon bonheur dura peu. Je ne sais quelle duègne ou quel démon apprit ce qui se passait à don Pimentel, qui avait suivi la cour à l'Escurial. Je fus tout à coup enfermé dans ma cellule, et bientôt après conduit au palais de l'inquisition. Là on m'interrogea comme coupable de crimes qui méritaient la mort. Mais j'entrevis un juge favorable dans le grand-inquisiteur lui-même, lorsqu'au lieu de me punir comme adultère et prêtre renégat, il fit tomber les chefs d'accusation sur mon aveuglement, les suggestions de Satan, etc, et me condamna à quatre ans de cachot.

Pendant les premiers jours de ma reclusion, ma pensée s'anéantit sous le poids de la douleur; mais bientôt Mariella redevint toute ma pensée. C'était elle que je voyais, que j'embrassais dans mes cauchemars; elle pour qui je tressais des guirlandes de roses, elle que j'entourais,

dans de frais salons, de prestigieuses parures ;
elle pour qui je dressais des piédestaux et que
je faisais reine...... Mais quand la réalité hideuse, repoussante, m'arrachait à ma léthargie,
et quand je me sentais revêtu d'un sale froc,
condamné à vivre dans un cachot ruisselant
d'eau fétide, en face d'une cruche et d'un morceau de pain noir, oh ! alors l'horrible désespoir s'emparait de moi, la rage me serrait le
cœur, et des projets de crimes, de vengeances
les plus atroces, les plus extravagantes passaient comme des éclairs dans mon cerveau.
Que n'aurais-je pas fait si on m'eût laissé seulement cinq minutes de liberté ? L'assassinat
n'aurait pas eu assez de voluptés, assez d'enivrantes orgies pour assouvir ma soif de sang !
j'aurais voulu entreprendre quelque chose d'éclatant à faire dresser les cheveux sur la tête, et
dont on n'aurait jamais eu d'exemple !

Et c'était une conséquence de ma position.
Celui qui se trouve parqué seul avec sa rage et
sa haine des hommes qui le rejettent et le flé-

trissent, peut-il avoir des remords et du repentir ? En vain on prétendrait que ces peines temporaires, que ces tombeaux vivans où nous nous dépravons à penser doivent corriger le coupable. Non ! c'est là qu'il le devient tout-à-fait, en se regardant comme un être à part; c'est de là que la société lui apparaît à travers un prisme comme une fantasmagorie dérisoire à ses douleurs, là qu'il se fait méchant pour le plaisir de l'être. Et s'il est vrai, ce dont les gens à mesquins préjugés d'ordre et de civilisation ne conviendront jamais, s'il est vrai que le brigand n'est qu'un homme de génie, détourné de sa sphère, la société n'est-elle pas injuste, qui marque du sceau ineffaçable de l'ignominie un de ses membres, et rend la dénomination d'honnête homme désormais incompatible avec celle de galérien ; elle qui fait des Parias d'une classe d'individus innocens, qui environne toute une famille d'un cercle magique et infranchissable ; car qui voudrait être fils ou parent d'un supplicié ?

Je passai donc quatre longues années à contempler le bonheur égoïste d'une portion du genre humain, à méditer sur ma vie future, dont la chimère était un avide désir de destruction. Immobile, je fis comparaître devant moi tous les sophismes favorables à l'état social, qui tombèrent impuissans auprès de mes sentimens d'indépendance et de sauvagerie; et je me fis ce que je suis maintenant. Je ne m'en repens pas; non, je n'échangerais pas un quart d'heure de ma vie de brigand contre la plus longue existence de soumission à vos lois. Ai-je eu tort de préférer ainsi les périls du proscrit, du scélérat aux tranquilles jouissances de l'homme pacifique? Je ne le crois pas : car si, ayant à opter entre le bréviaire du prêtre et la carabine de l'assassin, mon âme n'avait pas pris le dernier parti, elle aurait langui dans le marasme et serait morte dans l'idiotisme.

Quand le temps de ma captivité fut écoulé, on me rendit à mes monotones occupations; mais, refroidi par l'âge, mûri par la réflexion, j'étais prêt à satisfaire mes penchans par tous les moyens possibles, et l'hypocrisie ne me coûtant rien, j'affectai d'abord un repentir vrai qu'on croyait lire sur mon austère visage. Cependant j'avais tort de voir un espion de ma conscience dans chacun de mes compagnons ; car j'ai éprouvé depuis que, pour les hommes à intelligence banale, la physionomie qui couvre des pensées d'un ordre supérieur est toujours un mystère. Je voulus abandonner le couvent, et je le fis avant d'avoir éveillé un soupçon.

Il était tard quand je m'élançai dans la verte campagne. Je respirai l'air pur avec volupté, et je me sentis grandir, affranchi que j'étais de tous devoirs, de tous liens, ayant pour carrière à parcourir le vaste univers. J'entendis pour la dernière fois sonner minuit à l'église de Saint-Laurent, et j'avançai vite, plus vite. Arrivé à une hôtellerie, je m'empressai de changer d'habits. Je jetai loin de moi mon capuce, mon manteau et ma tunique de drap blanc; et mes épaules furent allégées, et il n'y avait plus rien de commun entre le moine et moi. J'avais aussi perdu en une minute ma posture humble et suppliante; j'étais devenu un fier et orgueilleux Espagnol.

Madrid était le but de ma course, et je ne tardai pas à l'avoir atteint. En arrivant sur la *plaça Mayor*, je vis une longue procession de religieux, de pénitens, de laïcs, d'hommes et de femmes qui la traversaient. Je me joignis à eux. On chantait sur un ton nasillard des hymnes et des psaumes. On béatifiait un nouveau saint. Je riais en impie; je me moquais d'eux. C'était l'occasion de faire un premier usage de mon indépendance. Aussi je coudoyai la foule en courant comme un fou, froissant les hommes avec bravade, regardant effrontément les femmes au visage... Mais elle n'était pas là celle que je cherchais, celle qui restait toujours le flambeau de ma vie! et pas une de ces mantilles castillannes ne dérobait à mes yeux une taille que j'aurais sitôt reconnue.

A la fin, las de mon agitation, je m'arrêtai

devant la façade d'une maison qui avait l'aspect de l'opulence.

— Le señor don Pimentel d'Avila habite-t-il toujours cet hôtel?

— Il voyage dans ce moment en France; mais il sera de retour dans un an au plus tard.

— Et la senora?

— Aussi.

Je sortis en murmurant entre mes dents un énergique *carajo!*

De là je portai mes pas vers l'extrémité méridionale de la ville. Je commençais à me refroidir en songeant que j'étais sans ressources, et me demandant ce que j'allais faire de ma liberté. L'espoir bien éloigné de retrouver Mariella ne pouvait seul me soutenir; il me fallait du positif, c'était l'existence matérielle, l'existence de chaque jour. Tout en rêvant à cela, je sortais de Madrid et j'errais le long du Mançanarès. J'aperçus au bord du torrent un petit groupe de personnes accroupies qu'à leur mine sale et repoussante, je reconnus pour Gitanos, Egyptiens ou Bohémiens. En m'approchant, j'en comptai six, dont quatre hommes et deux femmes, tous ayant l'apparence de la force et de la jeunesse. Le plus âgé, et celui que je pris pour le chef, n'avait pas passé la trentaine. Il était de petite taille, avait les membres musculeux quoique grêles, et un air de hardiesse qui faisait pressentir un homme.

En abordant les Egyptiens, je leur dis : Bon appétit, camarades. (Ils prenaient leur repas.)

— Merci, señor! répondit le chef.

— Vous n'êtes donc pas curieux de voir l'auguste cérémonie qui vous donne un nouvel objet de vénération et encore un protecteur?

— Nos protecteurs! les voici (c'était toujours le même qui parlait en frappant sur le manche de son poignard), et l'objet de notre culte c'est la nature. Vous voyez qu'elle suffit à nos besoins; nous n'en demandons pas davantage.

Pour le prouver, il mangeait avec plus de voracité.

— Bien, Gitano! repris-je.

— Bien ! répéta-t-il avec un air d'incrédulité et me regardant en face. Je croyais que tout devait être mal chez un maudit sans culte, sans loi et sans patrie.

— Je ne le crois pas, moi ; car je pourrais être comme vous.

— Toi, Gitano ? y penses-tu ? saurais-tu vivre banni au milieu des autres hommes, être méprisé comme un voleur, maudit comme un damné ? As-tu appris à habiter, dormir sur le sol, sans autre abri que la voûte du ciel ou les arbres des forêts ? à laisser venir insouciant un lendemain imprévu, à tendre la main pour réclamer du passant le denier de l'indigence ? Dis-moi, as-tu appris à faire tout cela en riant ?

— Je serai Gitano !

— Prendre l'espingole du bandit, quand nous manquons d'un pain que l'opulence nous refuse ; et par suite, nous voir traqués, suppliciés, marcher au gibet le cœur gai en apparence et en reniant Dieu ; voilà encore quel est notre sort !

— Je veux être Gitano !

— Eh bien! soit. Place-toi à côté de moi; tu vas être des nôtres, si tu le peux. Mais il n'y a pas de traîtres parmi les frères, entends-tu! ou sinon... notre justice est prompte. Il brandissait sa bonne lame de Tolède.

Les mœurs de mes nouveaux compagnons furent bientôt les miennes. En jonglant et en mendiant nous traversions les villages sans but apparent, et le gain de chaque jour suffisait à la subsistance de tous. Ce n'est pas que certaines rapines de nuit ne vinssent bien de temps en temps grossir les provisions de la communauté, mais cela n'avait lieu que dans les momens d'extrême disette. En de semblables occasions j'acquis la réputation d'un habile maraudeur.

Nous dépassâmes ainsi la Nouvelle-Castille, en descendant vers le sud, et quand nous arrivâmes dans les montagnes de l'Andalousie, plusieurs autres petites troupes de Bohémiens se joignirent à la nôtre. Elles échangeaient avec notre chef Haroûn des paroles que je ne comprenais pas, mais qui me faisaient supposer qu'il s'agissait de l'intérêt de la caste.

Nous atteignîmes enfin l'extrémité méridionale du royaume de Grenade; et là, pendant la nuit, nous nous arrêtâmes en face de la mer, qui blanchissait au rivage. Le chef examina alors si nous n'étions point épiés ; puis, faisant entendre un sifflement aigu, assourdissant, il évoqua autour de nous plusieurs ombres mouvantes. Il demanda ensuite si tout était prêt. Un second coup de sifflet, parti de la mer, lui répondit. Aussitôt, avec l'aide des hommes qui s'étaient présentés à nous, nous nous mîmes à traîner au bord de l'eau des ballots et des tonneaux qui se trouvaient dans les excavations des rocs; et tout cela se fit avec un silence de mort. Un petit brick était prêt à recevoir cette cargaison que nous destinions aux côtes de l'Afrique.

Tel était le genre d'occupation auquel nous

nous livrions depuis près d'un an, tantôt gueusant sous le nom de Gitanos, afin d'avoir le temps de traiter de l'acquisition de nos marchandises; tantôt courant la mer en contrebandiers armés jusqu'aux dents, lorsqu'une sanglante tragédie vint interrompre nos manœuvres inoffensives.

C'était par une suffocante journée d'été ; le brick glissait sous un vent de sud-ouest, et son tangage était presque insensible. Nous nous dirigions vers la France. Tandis qu'une partie de l'équipage se reposait à l'abri de la chaleur de midi, le matelot placé dans la hune, annonça une frégate espagnole courant dans la même direction que nous. En un clin d'œil tout le monde fut debout, et dès que l'on put découvrir le vaisseau d'état à l'œil nu, on comprit aisément qu'il nous donnait la chasse.

Haroûn fit alors mettre toutes voiles hors, mais en vain : le brick se vit bientôt gagné de vitesse par la masse blanche qui fondait sur nous comme l'aigle sur sa proie. Elle nous avait sans doute reconnus pour ce que nous étions, car elle ne tarda pas à faire jouer ses pièces de chasse de l'avant. Nous lui répondîmes en lui envoyant quelques volées de l'arrière; et cette riposte retarda d'un moment l'affaire décisive à laquelle nous ne pouvions échapper cependant, et que nous nous préparions à soutenir en hommes désespérés. Des pistolets, des sabres, des haches furent apportés sur le pont, et chacun se munit de celle de ces armes qui lui convenait le mieux. Pour moi, je me souviens que l'idée du sang que j'allais répandre pour la première fois fit violemment battre mon cœur, et qu'en saisissant un sabre et une courte espingole, comme un homme qui a soif, je m'écriai : — Enfin !

Cependant le capitaine de la frégate à peine éloigné de nous d'une portée de mousquet, nous ordonna d'amener. Feignant d'obéir en tournant en dérive, par une manœuvre prompte et imprévue, nous laissâmes notre ennemi s'approcher encore et nous lui envoyâmes une volée de tribord; puis nous profitâmes de son étonnement pour tenter l'abordage. Notre choc fut impétueux comme un ouragan méridional, et, malgré le petit nombre des nôtres, notre hardiesse fut sur le point d'être payée d'un triomphe complet. Mais les Espagnols faisant pleuvoir sans cesse des hunes une grêle de projectiles, et un gros de soldats, commandés par un homme que je reconnus sans peine, nous ayant enveloppés, il ne nous resta pas même l'alternative de nous jeter à la mer. Nous n'avions plus qu'à mourir en braves. Pour ma part, j'avoue que je fis payer cher à l'ennemi sa victoire. J'avais reconnu don Pimentel, alors officier supérieur dans l'armée, qui avait pris en cette occasion le commandement des soldats de marine. A sa vue, une ivresse de sang me prit, au point que je me crus un moment invincible. Je fauchais avec mon sabre une rouge moisson de membres, de chairs palpitantes qui tombaient devant moi et ruisselaient sur le pont. Mais mon tour arriva enfin, et un coup non paré, aussi lourd qu'un bélier d'airain, me fracassa le crâne, et puis, pour moi vint le néant. . . . .

Il me semblait entendre un mélodieux concert de voix fraîches et virginales, et que des formes gracieuses, aériennes, des fées caressantes se penchaient sur mon front. Mon être idéalisé, insaisissable comme un rêve procuré par l'opium, ne ressemblait à rien de ce que j'avais éprouvé jusqu'alors. Et, baigné par une brise rafraîchissante, je me laissais bercer paresseusement aux molles ondulations qui semblaient m'entraîner.

Ensuite, m'efforçant de retrouver mon intelligence pièce à pièce, j'essayai d'ouvrir les yeux et je vis!. . . . . . . Oh! je crus être en paradis. C'était Mariella, Mariella à la blême clarté de la lune, pâle, immobile et ma tête sur ses genoux. Mon rêve était une réalité, puisqu'elle parlait.

— Santa Maria! il vit encore; un mot Ricardo! dis un mot à ta Mariella, qui s'est perdue pour ravir ton corps aux outrages d'une sépulture indigne..... Entends-tu? ce soir on chantait le *Te Deum* de la victoire sur notre frégate qui cinglait vers l'Espagne, quand je t'ai vu étendu dans une mare de sang. Moi, je n'ai pas voulu te laisser là, je t'ai pris en cachette avec deux de mes fidèles serviteurs, et nous voici..... livrés à la merci des flots sur une frêle embarcation, mais heureux, car nous vivrons ou nous mourrons ensemble.

Je me soulevai péniblement, et je pus vérifier la vérité de ce que me disait Mariella. Notre barque, malgré ses deux rameurs, n'avait d'autre pilote que la houle qui la balançait. Et pourtant l'incertitude de mon sort ne me fit pas regretter le passé, ne me rendit point soucieux de l'avenir. Je n'avais plus rien à désirer : celle que j'avais tant aimée, après laquelle j'avais soupiré si long-temps, était devenue mon ange tutélaire, il semblait que sa bonne étoile nous eût guidés. A peine le jour commençait-il à blanchir à l'Orient que nous reconnûmes la terre et les Pyrénées au loin. Mon amie fut la première à mettre le pied sur le sol, et je la suivis lentement : la blessure que j'avais reçue à la tête m'avait ôté toute mon énergie.

De ce moment commença ma vie telle que tu la vois. Parcourant ces montagnes, l'escopette en main, nous obtenions de la peur le don involontaire qu'on nous aurait refusé comme aumônes. Et là, trois hommes, soumis à une femme, apprirent tout ce qu'il y a de conception et de ressources dans une être faible inspiré par une forte passion.

Ah! Gabriel! si tu l'avais vue ta mère serrant son arme dans ses doigts, attendant derrière un rocher la voiture du riche! Si tu avais vu l'expression de son œil noir quand la menace sortait de sa bouche... comme elle était belle alors! comme elle était semblable à une créature céleste!

Cependant, jamais un meurtre ne vint souiller ses mains pures. Les armes que nous portions n'étaient qu'une marque inoffensive de notre divorce avec la société. Je n'en puis dire autant aujourd'hui; mais les hommes ont brisé mon cœur et justifié de sanglantes représailles.

Une nuit, notre cabane fut témoin d'une grande douleur. Ma femme venait d'être mère d'un fils, de toi, mon Gabriel. Et pendant les cruelles angoisses de l'enfantement, elle était telle que tu la vois dans ce portrait, toujours ferme et impassible. Je me rappelle si bien l'expression de sa physionomie! Hélas! c'était pour la dernière fois que je la voyais! Confiant à nos deux compagnons le soin de veiller près d'elle, je courus à la ville voisine pour me procurer quelques médicamens nécessaires à son état, et quand je revins..... la cabane était en flammes, ses environs solitaires, et personne ne répondit à mes cris. J'était seul, seul pour toujours. Et ce fut l'ouvrage des hommes.

J'appris bien long-temps après que Mariella avait été conduite avec mon enfant dans l'intérieur de l'Espagne, et que, redemandée par son premier époux, elle avait succombé à son désespoir.

Je t'avais promis, jeune homme, d'éclaircir un mystère, je crois l'avoir fait. Tu diras sans doute que ma vie de malfaiteur te déshonore, que j'ai eu tort de vivre seul et de m'abandonner à mes délirantes vengeances. Car, vois-tu, depuis trente ans j'ai dîmé sur l'argent et le sang des hommes la somme des jouissances qu'ils m'ont enlevées. Peu de mois se sont écoulés sans que j'eusse à faire une entaille sur la crosse de ma carabine, et chacune de celles que tu y vois innombrables marque la destruction d'un être pensant. Cette fidèle amie que ma débile main soutient avec peine maintenant envoya cent fois un terrible messager au cœur de l'odieux douanier. Et quand mon œil terne ne distingue plus l'embûche dans le bouquet d'arbres-verts, elle ne me trahirait encore pas, et moi, je ne l'échangerais pas pour tous les trésors de Golconde. Car tu ne sais pas que j'en ai des trésors, qui ne me servent à rien, que je puis te faire riche, ô mon fils, te donner toutes les voluptés du monde enfermées sous cette pierre! Viens! viens dans ma grotte sauvage, tu y verras de l'argent, de l'or par monceaux, et tu pourras fouler à tes pieds

Des louis de France,
Des ducats d'Espagne,
Des guinées d'Angleterre,
Des carlins d'Italie,
Des souverains d'Allemagne....

Et dire : — Tout cela c'est à moi!

Gabriel ajouta en refermant son album.
— Horreur! il voulait me faire riche d'un or sur lequel il y avait du sang. Oh! je me suis détourné. En face d'un tel homme j'aurais pu devenir parricide. C'est pourquoi j'ai dû me dérober à sa présence, à ses rudes baisers. C'est assez de l'avoir maudit malgré moi!

Et, maintenant, Léontine, ne crains-tu pas de me suivre loin du monde? Ne crains-tu pas de voir se réveiller en moi le sang et les émotions du brigand. Allons-nous en Espagne, dis?

Léontine ne répondit rien dabord. Mais elle prit la main de Gabriel, arrêta long-temps ses yeux sur les siens, et enfin de ses lèvres pâles baisa le front du jeune homme qui rougissait et dit avec assurance :

— Allons!

Depuis on n'en a plus entendu parler.

Deux jours après, M. Duplessis regagna la capitale, persuadé que sa femme et Gabriel avaient été tués par des brigands, mais, consolé parce qu'il espérait donner son nom à une fleur inconnue, de la famille des liliacées, qu'il venait de découvrir.

CHAPITRE VI.

Chaque mortel, coiffé de sa chimère,
Croit, à part soi, que mieux on ne peut faire.
                               Desh.

M. Duplessis.

―――

Comment ai-je appris cette longue, trop longue histoire où déborde le paradoxe ? — Si c'était Gabriel lui-même qui me l'eût racontée,... peut-être.....

Il y avait quelques années que M. Duplessis

avait perdu sa femme de la manière que vous connaissez. Ses habitudes avaient été un peu dérangées par ce malheur, quoiqu'il ne fût pas homme à en ressentir une douleur fort durable. Son organisation était de celles qui excluent une sensibilité bien vive, un lien d'affection éternel. Mais Léontine lui avait laissé deux enfans, et leur éducation dut être l'objet de ses premiers soins.

L'un était un fils nommé Léon, de quelques mois plus jeune que le fils du marchand de peaux de lapins. Il voulait l'élever lui-même.

Sa fille Elisa, à peine âgée de quatorze ans, au temps sur lequel nous essayons de porter l'attention du lecteur, avait été placée dans une pension. M. Duplessis n'avait pas cessé de regarder les femmes comme un embarras, comme les *impedimenta belli*. Aussi se trouva-t-il allégé d'un grand poids.

Il s'était arrangé une existence à lui, des occupations selon ses goûts. Enfermé dans un cercle d'affections dont il ne sortait pas, il passait des journées entières à pâlir sur un système, à procéder synthétiquement ou analytiquement dans la poursuite de fantômes insaisissables au vulgaire. C'était sa folie, à lui; et dans sa savante ignorance il était aussi heureux, il complétait autant des jouissances que l'homme le plus positif de ce monde tout positif; de sa région il faisait souvent irruption dans notre société de progrès.

Maintenant, par exemple, il s'était mis en tête d'inventer. Il avait inventé un omnibus ingénieux qui devait contenir cent personnes, et qui marcherait au moyen de la vapeur; on devait y être voituré, chauffé, nourri presque gratis. Le nouveau véhicule aurait sillonné la France dans tous les sens. Malheureusement l'omnibus n'avait pu sortir du chantier où il avait été confectionné, et M. Duplessis se chauffait de ses débris.

Il inventa des chevaux, des vélocipèdes à la vapeur. C'était son grand mobile. Il songeait à faire un gouvernement, des ministres, des employés, des mouchards, le tout allant par une manivelle mue par la vapeur, quand arriva la révolution de juillet. Ce que nous avons aujourd'hui est-il préférable à son invention ?

Il avait conçu une mécanique on ne peut plus commode et gentille qui devait faire des vers et de la prose, à la manière de la machine mathématique de Pascal. Mais il fut déconcerté par la fécondité de quelques prosateurs et poètes de nos jours. Il trouva qu'ils écrivaient comme sa machine.

Enfin, je ne sais si, à l'aspect du fils de Jacquinet, le repentir d'une faute s'empara de M. Duplessis; toujours est-il, qu'il se rappela son voyage au Mont-d'Or, et se dit, à part soi :

— Je ferai une bonne action.

CHAPITRE VII.

> Vouloir c'est pouvoir.
> CH. NODIER.

Un Essai de Volonté.

———

Plein d'attentions paternelles pour son nouveau protégé, il se mit en devoir de le tirer de l'ignorance misérable où l'enfant était enseveli. Ce fut de la part de Noël une docilité parfaite, une intelligence rare, et surtout une volonté tenace, une sorte d'entêtement à l'étude qui servirent M. Duplessis dans ses projets bien au-delà de ses espérances. On ne pouvait attribuer à l'étroite vanité l'émulation qui s'empara du pauvre petit, à l'idée de se mettre bien au-dessus de l'humble état qu'il quittait : vouloir sortir de l'abjection c'est le propre d'un noble orgueil; il en était possédé au dernier point.

Mesmer a écrit qu'il passa trois mois sans langue. Le jeune Auvergnat faisait de même. Un mutisme presque complet qu'on pouvait prendre pour l'effet de la timidité, mais qui ne tenait qu'à son esprit d'observation, devint un motif d'intérêt auprès de son riche patron. Il semblait ne marcher qu'en tremblant sur les parquets glissans, et craindre de faire entendre le bruit de ses pas, le cri de la porte qu'il ouvrait. On aurait pu croire son intelligence aussi inerte que son corps; mais elle parcourait alors une multitude d'objets : il se demandait quelles étaient les mœurs du monde nouveau où il se trouvait, où était la supériorité du riche sur le pauvre, et il s'écriait en lui-même : — Je pourrais être comme eux!

Les tristes loques qui le couvraient avaient fait place à un costume décent qui le mettait à peu près au niveau du fils de la maison, quant à l'extérieur. Du reste, par ses études, Léon était bien au-dessus de l'adolescent nouvellement arrivé. Noël le sentait. Aussi, le front penché durant des journées entières sur les livres, il séchait, il pâlissait, et n'éprouvait pourtant ni fatigue ni dégoût.

Léon avait commencé par regarder son jeune camarade comme un moyen de tuer le temps au milieu de la solitude où il se trouvait. C'est le point de vue sous lequel le riche, dès l'enfance, s'habitue à considérer tout ce qui l'entoure. Il se croit prédestiné à respirer toujours une atmosphère de joie. Aussi ne vous étonnez pas s'il met quelquefois sur la même ligne dans son attachement son singe et son ami, sa maîtresse et son perroquet.

Quand il fut bien reconnu que Noël était un

travailleur opiniâtre, le jeune Duplessis le traita d'ours, de grognon. Et cependant le protégé se prêtait autant qu'il le pouvait aux jeux, à la pétulance et aux espiégleries journalières de son condisciple. Mais Léon ne lui pardonnait pas d'étudier quand il lui plaisait à lui d'être paresseux, et il en vint à dans cet enfant un intrus, à lui susciter mille tracasseries insupportables.

— Un meuble était-il brisé, disloqué par la faute de l'un et l'autre ; Noël seul était accusé.

— Un livre se trouvait-il taché ou déchiré ; Léon ne l'avait pas ouvert. L'étranger supportait tout avec résignation. Et c'en fut assez pour se faire détester cordialement de son jeune persécuteur.

Mais en dévorant ses chagrins secrets, il dévorait aussi les livres. Il apprenait en quelques mois ce que Léon avait mis une année à apprendre. Aussi, avant long-temps, il fut en état de lui tenir tête ; il parla correctement, écrivit de même, et se trouva, à dix-sept ans, posséder, avec le ton et les manières d'un fils de bonne maison, l'énergie de pensées d'un pauvre diable opprimé. Sans avoir totalement perdu l'accent particulier aux gens de sa province, il n'en conservait qu'un léger retentissement qui, loin d'être désagréable, s'harmoniait à l'empreinte de poésie qui dominait dans sa physionomie comme dans son caractère.

Enfin, Noël se réveillait homme avec un instinct d'artiste. Seulement ce n'était en lui qu'un instinct, rien qu'une disposition vague qu'il ne devait jamais développer. Car, par malheur, ses études manquaient par le but, et il se trouvait muni de connaissances variées, mais incomplètes qu'il ne savait à quoi adapter. Cela devait être en lui un germe de découragement.

Il en vint à se demander quelle était sa place dans la société; il ne la vit nulle part. Et cette persuasion tuait sa force morale. Il se répéta cependant cent fois cette phrase de l'abbé de Lamennais :

« Ce qui s'use le plus vite en nous, c'est la « volonté. Sachez donc vouloir une fois, vouloir

« fortement; fixez votre vie flottante, et ne la
« laissez plus emporter à tous les souffles comme
« le brin d'herbe séchée. »

— Et le moyen! s'écria-t-il, vouloir!... quoi maintenant? Irai-je, comme le zéro d'un nombre, le fusilier d'une escouade, augmenter la civilisation d'une fourmi de plus? Irai-je porter à la population des bureaucrates une nouvelle plume mécanique, la pièce agissante d'une étude, indispensable et pensante ni plus ni moins que la chaise ou le pupitre du taudis d'un employé? Non, je ne le puis. Pourquoi? c'est que ce n'est pas ma vocation... Mon Dieu! je ne sais pas que vouloir!

Cela a été le désespoir de bien des jeunes gens; cela a fait des révolutions qui n'ont pu se finir.

Là-dessus, Noël alla voir son père. Le bonhomme continuait son petit commerce. Il était presque heureux dans sa misère; ayant de quoi vivre au jour le jour, peu ou prou, il n'avait pas de soucis. Il est vrai qu'il se trouvait mêlé à des conspirations, mais si bénignes jusqu'alors, que ce n'était qu'un jeu. A l'aspect de la pauvre mansarde, son fils se reporta à deux ans en arrière; il eut presque des regrets.

— O ignorance, dit-il, tu es le bonheur! C'est avec raison que Dieu fit porter un fruit amer à l'arbre de la science! A quoi en arrivons-nous, après tout? à apprendre qu'il est de nouvelles félicités auprès desquelles notre volonté est impuissante, devant lesquelles elle doit se briser comme un roseau desséché. Savoir que tout est faiblesse en nous, et qu'un jour nos bras doivent tomber devant des barrières infranchissables à l'homme, est-ce donc là du bonheur? O vous qui parlez d'eclairer le pauvre, le prolétaire, savez-vous ce que vous leur réservez? un poison, une déception cruelle. Apprenez seulement à l'infortuné à être esclave; il n'y a pas d'autre science pour lui dans la société telle que vous l'avez faite, et vous serez barbare, si vous lui apprenez autre chose.

Pour moi, je me serais habitué à être un misérable ramoneur, ou je serais mort ; au moins je ne serais pas un intermédiaire entre le riche et le pauvre.

Et, content de sa tirade, il eut la pensée de se faire écrivain. Il prenait l'inquiétude, le malaise de son esprit pour des inspirations. Pauvre jeune homme ! Comme je vous le disais, il se mit à griffonner du papier. Cette occupation fait du bien quelquefois.

C'est pourquoi M. Duplessis était retranché un matin dans son grand fauteuil à ramages et rembourré. Il y avait sur sa table une confusion de paperasses, de livres, de plantes, de machines modèles, de pistons. N'oublions pas un nouveau clysoir, invention sublime, avec laquelle il se chargeait de laver, déterger et noyer toute la population parisienne, en moins de dix minutes.

Noël venait d'entrer dans le cabinet du savant.

Allons ! mon ami, lis-moi cela, et vite ; car j'ai affaire : mon grand clysoir m'occupe beaucoup.

Noël déplia en rougissant une feuille manuscrite.

— Je vous demande de l'indulgence, dit-il, pour mes misérables essais.

— Nous nous occuperons de cela après ; voyons, est-ce de l'école qu'on appelle moderne ?

— Mais, peut-être... reprit timidement le jeune homme.

M. Duplessis grimaça une moquerie intraduisible.

— Ho ! ho ! fit-il.

Noël commença tout tremblant.

La Revue nocturne.

>Ecoute le tourbillon qui agite la forêt et murmure tristement dans le vallon ; c'est la redoutable armée des morts qui revient du haut des airs.
>
>MACPHERSON.

C'était un roulement, c'était un sourd murmure,
 Que le vent apportait ;
Mille pas cadencés frappaient la terre dure,
 Et le tambour battait.

Ils marchaient vite
Les bataillons,
Troupe d'élite
Des nations;
Les baïonnettes
Sifflaient dans l'air,
Et leurs facettes
Lançaient l'éclair;
Et les squelettes,
Aux voix muettes,
Toujours passaient.
Dans la nuit sombre
Leurs flots sans nombre
S'épaississaient
Comme une ronde
De l'autre monde,
Ou comme l'onde
Qui vague et gronde
Hors de son lit
Qu'elle remplit.

Waterloo! Waterloo! ton triste cimetière,
A cette heure du soir

Où le ciel se voilait pour ton anniversaire,
Etait lugubre à voir.

Sur la colline
Du mont Saint-Jean
Vient et s'incline
Le véteran.
Mais l'uniforme
Du vieux héros,
D'un mort difforme
Cache les os ;
Et cette forme,
Livide forme,
Encore un rang
Qui, long, immense,
Marche en silence,
Et puis attend,
Pour que la fête
Que l'on apprête,
Soit plus complète,
Que la mort jette,
Amène-là
Tout ce qu'elle a...

Et ceux dont le simoun et le sabre islamite
Abrégea le destin,
Et tous ceux que glaça la neige moscovite
Aux lueurs du Kremlin.

Chaque cohorte,
Hâtant le pas,
En marchant porte
Fusil au bras;
Mais l'ordre passe,
Est entendu,
Et dans l'espace
A répondu
Comme une masse,
Un choc qui casse
Quelqu'ossement :
C'est la main blanche
Qui, sur la hanche,
Met prestement
L'arme docile;
Et puis la file
Reste immobile,
Tandis que brille
Sur chaque fer
Un rouge éclair.

Le chef est là, debout, et de sa creuse orbite
Sous son petit chapeau,
Il darde un long regard vers les guerriers d'élite
Qui portent le drapeau.

Et l'oriflamme
Sous ce coup d'œil,
Comme une flamme
Avec orgueil,
Flotte sonore ;
Et sous le vent
Frémit encore
Son pli mouvant,
Vieux, tricolore.
Comme à l'aurore
De son grand jour,
L'aigle fidèle
Agite l'aile
Avec amour.
Cette harmonie
Qu'une patrie
Ingrate oublie,
Est le génie

D'un puissant Dieu
Mort en ce lieu.

Du champ de Waterloo, quand pas une lumière
Au firmament ne luit,
Le passant craint de voir se dresser la poussière
Et s'éloigne sans bruit.

CHAPITRE VIII.

Mon âme, qu'aucune passion n'avait encore usée, cherchait un objet qui pût l'attacher.

CHATEAUBRAND.

Désappointement.

— Mauvais ! dit M. Duplessis quand le jeune homme eut fini.

Noël se mordit les lèvres.

— Détestable prose rimée !

Noël soupira : il affectionnait ces premières rêveries de jeunesse, ce fruit de l'éveil de son intelligence.

— Où diable es-tu allé pêcher cette rapsodie inintelligible ?

— C'est un conte fantastique à la manière de Hoffmann.

— C'est une absurdité du genre le plus ridicule. Le fantastique, mon cher ami, c'est un genre faux, qui bourdonne autour de la tête, sans entrer jamais au cœur. Cela peut plaire par l'originalité, mais cela ne peut pas durer. Cette fantasmagorie mobile, ces spectres grimaçans, ricanans, pleurans ou dansans sont de bien pauvres sujets d'intérêt. Nous autres Français, nous devons les laisser à l'école satanique anglaise, aux fabricans de ballades allemandes. Quelque malades que nous soyons, pouvons-nous espérer atteindre le degré d'exaltation où la fièvre nerveuse conduisit Hoffmann ?

— Pourquoi pas ? Quand tout est vieilli, rococo, il faut essayer du neuf, entrer dans des voies nouvelles. Si on ne réussit pas, on aura toujours la satisfaction de n'avoir pas fait comme tout le monde.

Il faut du moins avoir le sens commun. Mais me permettras-tu de généraliser ton paradoxe, et de te mener sur le terrain des principes et de la politique?

Je crois voir, autant que me le permettent les brouillards de ton imagination, qu'il y a en toi un besoin d'opposition sans but, une disposition à la critique des choses d'aujourd'hui, qui pourrait plus tard t'entraîner loin. A quelles données, à quel système politique te proposes-tu de lier ta vie?

— A aucun.

— Erreur dont tu reviendras, jeune homme!

Noël prit un air tout grave, et il répondit:

— Des hommes se trouvent qui, à chaque pas qu'ils font dans la vie se demandent pourquoi, et dont les investigations ont souvent pour résultat le peut-être de Pascal. — Ceux-là, nos classificateurs méthodiques les ont aussi casés, numérotés; mais c'est d'après leurs idées à eux, et ce qu'ils nomment leurs *principes*; car s'ils permettent de se tenir dans un scepticisme inquiet, soit en religion, soit en morale, soit en littérature, ils ne conçoivent pas l'indépendance absolue quand il sagit de la foi politique.

— En êtes-vous venu, à force de déceptions, à mépriser et gouvernans et gouvernés?

Vous serez disséqué, analysé, et votre place vous sera assignée dans les rangs de l'opposition.

— Insouciant, libre d'opinion, sans antécédent politique, avez-vous souri de pitié à tant de croyances criardes, divergentes, inconséquentes, à tant de folies écloses du crâne humain?

Vous serez bafoué, conspué, et, au besoin, un journaliste pourra dire jusqu'à quel point vous pensez mal. Ils sont si clairvoyans !

— Enfin, épris d'indignation à l'aspect des charlatans, jongleurs, escamoteurs, diplomates, avez-vous tenté de crier haut qu'on nous éblouit, nous mystifie, nous pille et nous vend?

Vos sentimens sont réduits en système, et

vos antipathies vous acquièrent une place... à Sainte-Pélagie.

Il y a pourtant un fait à proclamer, c'est qu'au milieu de notre société saturée de politique, on voit des hommes redevenir libres, s'affranchir de tout esprit de parti et de coterie, et cette école va recruter chaque jour de nouveaux disciples parmi ces jeunes existences lassées de flotter depuis long-temps aux vents de tous les partis ; elle attire à elle mille défections qui ne savent plus à quoi se rattacher, et s'étonnent d'avoir pu caresser tant de chimères, tout en restant cependant encore hostiles à vos sommités gouvernementales.

— Tu parles comme un livre. Mais réponds-moi : cette atonie de croyances ne serait-elle pas un état de transition à d'autres systèmes, un élan pour bondir à de nouvelles utopies qui doivent être à la disposition de la première émeute? Crois-moi, Noël! ces jeunes hommes ont des républiques, des religions en poche. Va ! cette fougueuse indépendance, ce sont les premiers symptômes de la vanité. Nos institutions les réduisent à l'impuissance politique. Et voilà pourquoi ils professent une haine si vive pour toutes les sommités qui les excluent. Mais qu'ils trouvent jour à se placer dans la société, et tu les verras avoir une opinion.

Noël n'envisageait pas sous ce point de vue le phénomène moral dont il éprouvait la première crise, et auquel cependant il s'efforçait de s'arracher.

Le jeune Duplessis avait déjà fait scission complète avec lui. Plein de mépris pour la pitoyable origine de l'Auvergnat, il lui parlait à peine et attirait chez lui une société de fashionables de collége, dont la camaraderie était interdite à Noël. Et puis celui-ci se trouvait, au milieu du salon de son protecteur, tout-à-fait intrus parmi des hommes ayant équipage, gens à livrée, grand attirail et importance de richesse. N'osant hasarder un mot par suite de sa position équivoque, il y était dans la nullité la plus absolue.

Rendons-lui la justice de dire qu'il fit tout ce qu'il put afin de chasser de son cœur la détestation de toute supériorité. Il regrettait les jours de son enfance ignorante et nécessiteuse, ou bien il s'enfermait seul dans une chambre, et là se brisait au travail.

Il se frappait le front et s'écriait :

— Il me semble qu'il y a quelque chose là-dedans ! Mais c'est si vague, si indécis ! Mon Dieu ! mon Dieu ! pourquoi ne ressemblé-je pas à ces rares poètes qui ont surgi hommes avant l'âge ? Oh ! seulement une feuille de laurier. Que cela rafraîchirait mon front qui brûle !

C'était pour la cinquième ou sixième fois de sa vie qu'il allait au spectacle. De son coin il pensait :

— Où est l'auteur, où est le poète ? Qu'il est heureux !....Tout ce peuple qui rit, qui pleure, qui trépigne, qui bat des mains, c'est moi qui le remue ! je suis l'artisan dont le ressort excite ces mille sympathies !... Oh ! dire cela, et planer au-dessus de ce parterre! il y a de quoi attraper un vertige, c'est à en devenir fou!

Donc, une nuit qu'il ne dormait pas, il s'avisa de faire des pièces de théâtre. Il commença par un drame, un long drame de trois ou quatre mille vers, à vous faire pleurer toutes vos larmes si vous l'aviez cru. Vite il porta sa pièce au théâtre. Elle traîna quelques mois aux oubliettes du secrétariat; après quoi son manuscrit lui fut rendu souillé, lacéré et refusé, bien entendu.

Ne voilà-t-il pas qu'il prit de l'humeur en assistant un jour à la représentation d'une pièce qui traitait le sujet qu'il avait manqué! Il va trouver le directeur, l'insulte, en reçoit une invitation de se trouver le lendemain au bois de Boulogne, et par une belle matinée du mois de mai, sur le gazon étincelant de gelée blanche, il tombe renversé par un coup de pointe qui lui fracasse le sternum.

Il fut porté mourant chez M. Duplessis. Deux jours après, il était pris d'un violent délire. Il serrait dans ses bras le manuscrit raturé et crasseux de son grand ouvrage. Il en déclamait des fragmens avec feu. Son protecteur et Jacquinet étaient à côté du lit ; tous deux sanglotaient.

Lui, tout fier et le visage épanoui, frappa sur les feuilles ouvertes, et indiquant les larmes de M. Duplessis :

— La voilà, s'écria-t-il, la voilà la conscience de ma force ! En dépit des monopoliseurs de gloire et de renommée, ceci est une gloire intime que je n'échangerais pas pour l'approbation de cent lecteurs idiots, de vos mille spectateurs insoucians.

— Sois tranquille, mon pauvre garçon, lui dit son protecteur, on te rendra justice. Que diable ! tu n'as pas encore dix-huit ans, et tu voudrais déjà être un colosse de gloire ? Attends ; tu as de l'avenir.

— Attends ! que voulez-vous que j'attende ? Il y a des choses qu'on ne peut écrire qu'à dix-huit ans. Quoi ! j'irais souffler sur les charbons éteints de l'inspiration ! J'essaierais de m'échauffer à froid..... impossible !

Un instant après, il reprenait :

— Est-ce ma mort que vous pleurez ? Oh ! ne versez pas de larmes sur ma mort. Car, mieux me vaudrait le néant que cet état d'angoisse, d'impuissante énergie qui me mine sourdement. Ah ! le vrai poète, l'artiste détourné de sa voie et qui se trouve au milieu d'hommes qui ne l'ont pas compris, est bien malheureux.....

Avoir rêvé la gloire, s'être tressé des couronnes, et se voir toujours arrêté à un des degrés les plus humbles de l'échelle sociale ! Il y a là de quoi bouleverser toute une existence. Une fois sa lyre brisée, au poète, le regret de son avenir perdu l'accompagne partout comme un reproche écrasant. Ou si sa douleur n'est pas aiguë, poignante, elle devient un flasque dégoût qui le rend inapte au bonheur et même à ce tressaillement fugitif qu'on nomme de la joie... Une fois que cette carrière vaste, immense qui s'offrait à lui, est fermée, pourra-t-il s'arranger des mesquines affections de l'homme prosaïque qui se complaît dans la vie prévue, positive, et dans ces émotions petites dont le cercle ne s'agrandit jamais? Ah! s'il est morne, abattu, c'est qu'il ne peut se résoudre à descendre du ciel qu'il avait rêvé, à porter son âme dans vos terrestres jouissances!... Et, après tout, il vaut mieux qu'il meure.

— Noël! Noël! mon fillot!... balbutia Jacquinet en prenant la main de son fils.

— Laissez-moi donc, vieux homme! ôtez votre patte sale et calleuse. C'est vous qui êtes cause de tout cela. Quelqu'un aura publié sans doute que je suis fils d'un marchand de peaux de lapins; et on aura pensé qu'un Savoyard n'est bon qu'à ramoner des cheminées. Aussi, qui diable s'avise d'être fils d'un... Sacré nom... de nom...

Il repoussa brutalement le digne homme.

Une tête de femme apparut au-dessus de l'épaule de M. Duplessis : et une voix dont le timbre alla au cœur du blessé, prononça ces mots :

— Mon Dieu ! vous allez tuer ce pauvre jeune homme. Vous savez que le docteur a dit de ne pas le laisser parler. Par pitié, éloignez-vous.

Il semblait à Noël qu'il ne voyait plus, n'entendait plus des yeux du corps. Il était plongé dans une extase qui lui ôtait jusqu'à la sensation physique. Son âme seule était attentive, transportée dans une région inconnue, dans une crypte intellectuelle qu'elle explorait pour la première fois.

FIN DE LA PREMIÈRE ÉPOQUE.

DEUXIÈME ÉPOQUE.

—

CHAPITRE I.

Je rougis à ta vue et mes sens tressaillirent,
Je brûlai, je sentis une invincible loi
T'asservir tout mon être et m'enchaîner à toi.

EMILE MAZENS.

Premier Amour.

Elisa était la femme dont l'apparition subite avait causé à Noël une émotion si vive. Elle sortait de sa pension. Elle n'avait que seize ans, mais vous eussiez dit, à voir son assurance, son peu de timidité, d'une femme de vingt-cinq.

Elle parlait avec une volubilité, un ton bon enfant qui étonnaient de la part d'une jeune fille, mais qui ne choquaient pas, car sa grâce et sa gentillesse faisaient oublier l'inconvenance de ses manières un peu lestes.

Il en était de celle-ci comme de bien des femmes belles, que vous connaissez peut-être. Se trouvait-elle sérieuse un moment, fixait-elle son attention sur un morceau de musique, sur un roman, sur un rien ? on ne pouvait s'empêcher de s'éprendre au moins d'admiration pour cette tête de la coupe la plus élégante. L'harmonie de ses traits délicats, le langage de ses yeux qui n'étaient ni bleus ni noirs, mais charmans, la pâleur uniforme de son teint semblaient révéler une âme passionnée et susceptible des sentimens les plus profonds. Mais, au moindre incident comique, comme une fontaine sur laquelle tomberait une rose, ce beau visage s'épanouissait de moquerie et souvent de fou rire. Et cette légèreté de jeune fille qui mentait à sa physionomie détruisait votre illusion ; vous aviez sous les yeux un joli enfant, une femme folâtre, et rien que cela.

J'aurais voulu faire un portrait. La ressemblance des belles créatures de cette espèce est insaisissable. Peu importe d'ailleurs de savoir qu'elle portait toujours ses longs cheveux châtain-clair négligemment relevés; que sa taille manquait de perfection, parce qu'elle avait trop d'embonpoint, et que, malgré ce défaut, quand elle paraissait en peignoir blanc, le matin, dans un vestibule, elle était encore ravissante à voir ! Comment arrivait-il que Noël, aux premiers jours de sa convalescence, se trouvât à profiter de ces hasards ? et qu'il se rencontrât sur le passage d'Elisa, à chaque pas qu'elle faisait hors de sa chambre ? Une occupation banale, une flânerie sans motif l'amenait auprès de la jeune fille, qui passait insouciante et rarement distraite par sa présence. Lui, muet, haletant, la suivait des yeux, l'écoutait marcher, et c'était tout ce qu'il voulait. Elisa réalisait les vagues et délicieuses formes de ses rêves d'amour. Et cependant sa présence anéantissait la force de son âme; pour le laisser abattu sous le poids d'une influence magnétique écrasante, il ne parlait pas, il ne pensait pas. Il aurait voulu pouvoir tomber à genoux, dire : — Majesté ! et l'adorer comme un païen ferait de sa divinité. Enfin, il était stupide d'amour, et sa gravité imperturbable devenait plus ridicule à côté des ricaneries d'Elisa.

Celle-ci, ne se doutant pas de ce qui se passait dans le cœur du jeune homme, n'affecta pas pour lui une réserve qui n'allait point à son caractère. Comme la société d'un homme ne lui répugnait nullement, en voyant quelquefois Noël souffrant se traîner de la salle à manger vers sa chambre, elle le faisait entrer dans le salon, et restait des heures entières assise près de lui. Il s'efforçait de voir dans ces attentions l'apparence d'une sympathie naissante. Mais il se trompait. Elle était aussi froide pour lui que les sphinx qui soutenaient les candelabres de la cheminée; elle trouvait un moment de distraction en baguenaudant avec le pauvre garçon, et c'était tout ce qu'elle voulait.

Une femme rieuse a la faculté de rendre comiques et ridicules les choses les plus naturelles dont il lui plaira de se moquer; ou du moins nous applaudissons un moment à ses jugemens. Après avoir passé en revue le cercle des amis de son père, et en avoir ri avec Noël, de guerre lasse, Elisa entreprenait le jeune homme, et lui ne s'en apercevait pas. Sa passion l'aveuglait tellement, qu'il était devenu son très humble valet. Il se prêtait à ses moindres caprices avec une plate obéissance; il n'était pas jusqu'au petit Brusquet, le chien favori de mademoiselle, qui ne se ressentît de l'ascendant de sa maîtresse.

Brusquet tomba malade. Il était couché dans une corbeille au coin du feu du salon; Noël veillait près de lui. Mademoiselle Duplessis s'approcha pour lever la couverture ouatée qui cachait le favori. Le jeune homme lui saisit la main :

— Laissez-le, dit-il; il dort.

Le contact de cette main douce fit courir un torrent de feu dans ses veines. Il en eut presque un vertige, et retenant toujours les doigts d'Elisa dans les siens, il la regarda d'un air étrange.

— Mon Dieu! dit-elle, serait-il plus mal?

— Non; vous l'aimez donc beaucoup pour être si inquiète?

— Tiens (c'était un mot importé de sa pension)! si je l'aime, cette pauvre bêté! je le crois!

— Un honnête chrétien devrait en être jaloux, mademoiselle.

— Oh! cette idée! comparer l'affection qu'on pourrait avoir pour un homme au caprice qui vous attache à un chien!

— Et si celui-ci était le plus fort, quel serait le sort le plus heureux, celui de l'homme ou du chien?

Elisa rit aux larmes. Noël voulut rire aussi; mais une toux sèche lui prit la gorge. Il porta son mouchoir à sa bouche, et quand il l'en retira, il était taché de sang.

— Grand Dieu ! qu'est-ce donc ? demanda Elisa avec anxiété.

— Un reste de ma blessure, répondit-il avec un sourire mélancolique.

— Ah ! ça fait mal, la vue du sang !

Elle avait pâli un peu et Noël fut ravi de cette marque d'intérêt.

Mais une plainte était sortie de la corbeille. Elisa allongea le bras, souleva la ouate qui couvrait le favori. Brusquet se roulait, se tordait ; il se mourait. La jeune fille le prit sur ses genoux, essaya de le réchauffer, mais vainement, hélas ! Brusquet n'existait plus !

Alors le salon retentit de sanglots. On aurait dit, à l'amertume de la douleur que témoignait mademoiselle Duplessis, qu'il s'agissait d'un être pensant et parlant, au-dessus du commun des hommes. En effet, c'était son meilleur ami qu'elle avait perdu ! criait-elle. Ses larmes ne tarissaient pas.

Noël voulut lui offrir quelques consolations, il ne fut pas écouté. Le frère de mademoiselle

Duplessis entra en ce moment. Le trépas de Brusquet le mit en verve de jovialité; il offrit à sa sœur d'envoyer des lettres de part à leurs amis, et se livra à mille autres plaisanteries du même genre qui furent assez favorables à Noël dans l'esprit d'Elisa, car se tournant vers lui, elle prit sa main.

— Vous voyez bien que Léon n'est qu'un méchant, dit-elle; au moins vous, vous comprenez ma douleur. Vous êtes un bon jeune homme.

— Vraiment, ma sœur, répondit Léon, je suis un méchant, parce que je n'ai pas d'affection pour les animaux parasites que tu attires près de toi.

— Que veux-tu dire, Léon? Je n'avais que cette pauvre bête, et m'en voici privée maintenant!

— Je veux dire que très humble valet ou chien, c'est même chose, et que tu n'en manques pas, même dans ce moment-ci.

En disant cela, il regardait Noël. Celui-ci

sentit le but de l'outrageante personnalité et baissa la tête. Il était en effet coupable d'une servilité trop visible; mais il ne s'en apercevait qu'en ce moment.

— Léon, tu as tort, et ta brutalité n'a pas de nom. Il n'y a aucune bravoure à faire la guerre à un ennemi qui dédaigne de répondre à tes injustes reproches.

— Qui dédaigne! Oh! ma sœur, c'est trop fort! Tu n'as donc pas compris?

— Pardon, monsieur, interrompit Noël, mademoiselle a compris et le motif de mon silence et votre impertinente sortie.

— Mon petit ami, dit Léon en ricanant, je ne t'adressais pas la parole. Voudrais-tu me faire le plaisir d'aller à la cuisine décrotter mes bottes, je te donnerai un petit sou?

— Monsieur Duplessis! s'écria Noël en se levant, c'est assez d'injures comme cela! Pensez-vous donc que je me laisserai écraser comme un insecte rampant et craintif? Tout pauvre, tout misérable que je suis, sachez que votre sot orgueil d'homme riche, vos forfanteries, vos injurieux dédains me font pitié! Vous êtes-vous imaginé que cette vaniteuse outrecuidance m'en impose? Alors vous vous êtes grossièrement trompé, et n'était la bienfaisance de M. votre père, je vous prouverais que je sais le moyen de châtier les faquins et les insolens.

Ces paroles qui sortaient pressées, tonnantes de la bouche de Noël, décelaient un emportement que le jeune Duplessis et sa sœur étaient loin de connaître. Jusqu'à présent, calme et modéré il avait évité toute réplique directe aux tracasseries que lui avait suscitées le fils de son protecteur. Son instinct de prudence et de dissimulation l'abandonnait peut-être fort mal à propos pour son bien-être à lui ; car, après une pareille scène, il devait s'attendre à sortir de la maison.

Léon blêmit cependant en présence de l'indignation de son adversaire. Il ne se sentit plus de force à lutter contre l'homme pauvre exaspéré. Il eut recours à un lâche moyen.

— Elisa, dit-il, tu pourras rendre témoignage devant mon père et lui dire comment ses bienfaits sont payés de retour.

— Il vous est permis de mentir, de calomnier même, ce qui ne m'empêchera pas de reconnaître que je dois tout à M. Duplessis, à vous... rien.

Ces derniers mots de Noël ne furent pas entendus par Léon, qui sortit avant qu'il eut achevé.

Un moment de silence suivit dans le salon; et le jeune homme reprit son sang-froid; son esprit fut traversé par une réflexion que nous rendrait fort bien ce passage de Stello :

« Trois fois malheur à l'insensé qui veut dire ce qu'il pense avant d'avoir assuré le pain de toute sa vie!... Hypocrisie! tu es la raison même! tu fais que l'on ne blesse personne, et le pauvre a besoin de tout le monde... Dissimulation sainte, tu es la suprême loi de celui qui est né sans héritage. »

— Mon Dieu, Noël! je suis au désespoir; c'est moi qui ai causé cette scène, dit Elisa la première.

— Vous, mademoiselle! oh! non pas! c'est moi, moi seul qui me suis attiré un pareil traitement par la bassesse avec laquelle j'ai supporté depuis quelque temps les dédains de votre frère. Ma platitude l'a encouragé; ce n'est pas d'aujourd'hui que j'aurais dû renoncer à me taire, et fuir ce toit hospitalier.

— Vous en aller! quelle idée! Songez que mon père vous aime, et que la sotte jalousie de Léon ne doit pas vous porter à commettre un acte de folie.

— Oh! cessez de m'engager à rester. Ma vanité, mon amour-propre, me défendent de m'exposer à des avanies de chaque jour. Courir le risque de m'entendre reprocher à tout instant la bassesse de mon extraction, me voir outrager par les plus ridicules personnages, et ne pas oser en tirer vengeance, parce que je ne suis que le fils d'un marchand de peaux de lapins. Non! j'aime mieux végéter seul, ignoré dans quelque coin obscur que de frotter ici mon humilité, ma pauvreté à la richesse.

Ainsi, votre caractère hautain vous porterait à vous séparer de nous, quand même je vous aurais prié de rester?

— Le faites-vous, mademoiselle? Dois-je penser que la femme dans les yeux de laquelle j'ai vu briller des larmes à la mort de son chien favori, tandis qu'elle ne m'a témoigné qu'une pitié inaperçue, à moi, mourant d'amour pour elle, dois-je penser que cette femme attache quelque prix à me voir?

Cette révélation échappée à Noël dans un moment d'expansive exaltation, parut causer à Elisa un véritable étonnement. Elle fixa ses yeux sur ceux du jeune homme, comme pour s'assurer qu'elle le comprenait bien. Jusqu'à présent, la pensée que l'amour pouvait être le but des assiduités de Noël, ne s'était pas présentée à son esprit. Elle était réellement plus innocente qu'elle le paraissait. Son regard, qui souvent semblait dire et comprendre tant de chose, n'avait peut-être été jusqu'alors que le résultat de son organisation physique. Par conséquent, ce que Noël avait pris pour l'expression d'une sympathie était loin de mériter cette interprétation sentimentale.

— Sans doute, je suis bien téméraire, ajouta-t-il, d'oser, moi, pauvre diable obscur, sans nom, méprisé, vous tenir un pareil langage. Mais aujourd'hui, que vient pour moi l'heure de recevoir le châtiment de fautes imaginaires, je veux que vous, du moins, me condamniez avec justice, si vous aimer jusqu'au délire comme une idole, comme une divinité, c'est commettre un crime.

— Allons, Noël, ceci est une plaisanterie, reprit Elisa d'un air d'incrédulité. Et ce que je refuse encore de prendre au sérieux, c'est votre départ d'ici, repousser si brusquement les vues bienfaisantes de mon père sur vous, ce serait une ingratitude de votre part! Quant aux sottes paroles de mon frère, pardonnez-les-lui à cause de moi.

Elle tendit au jeune homme une main qu'il couvrit de baisers; et par un singulier mouvement de hardiesse, il posa après ses lèvres sur la joue pâle de la jeune fille; et cependant, elle, froide, sans émotion, ne se retira pas, ignorant qu'elle ouvrait à Noël une carrière d'angoisses par cette demi-faveur. Quant à la dignité de son rang, elle se disait qu'elle pourrait la reprendre quand elle le voudrait : de sa part, c'était donc bizarrerie, ce n'était pas affection.

Mais lui, il nageait dans une atmosphère d'enivrement et de merveilles. A un amour de dix-huit ans, il y a des ravissemens que jamais langage humain ne rendra. Les romans et les phrases sentimentales que nous y trouvons, ne sont qu'une reminiscence de ces premières illusions, mais faible, mais à peine ébauchée. Quand un homme se met à écrire l'amour, il n'est guère bon qu'à cela. Car, je vous le répète, il y a plus de passion vraie au collége que partout ailleurs : là un premier baiser de la femme qu'il a rêvée serait capable de tuer un jeune homme, ou de le rendre fou de bonheur.

Après tout cela, Noël tomba dans un abattement effrayant; il lui fallut garder le lit. M. Duplessis, ayant appris, par les plaintes de son fils, qu'une altercation avait eu lieu entre les deux jeunes gens, appela en témoignage Elisa, qui répondit d'une manière peu favorable à son frère, ce qui valut à Léon une verte mercuriale sur la cruauté qu'il y avait à occasioner de pareilles scènes dans l'état de santé où se trouvait Noël. Léon, effrayé des menaces d'exhérédation et du vif intérêt que son père semblait prendre à l'étranger, se résigna à un silence prudent. Il baissa la tête, tout en jurant dans son cœur haine implacable au *Savoyard*.

CHAPITRE II.

Il y a d'affreuses nuits!
NODIER.

Nuit d'Angoisses.

L'isolement dans lequel vivait mademoiselle Duplessis, immédiatement après sa sortie de pension, fut pour elle l'occasion de mille imprudences, pour ne pas dire pis. La légèreté, le sans-façon avec lesquels elle traitait le protégé de son père, avaient peut-être leur source dans son caractère insouciant, dans le peu d'importance qu'elle attachait au jeune homme. Elle croyait pouvoir lui dire, quand elle le voudrait, qu'il n'était rien pour elle, mais les événemens que j'ai à rapporter dans ce chapitre furent pour elle une révélation du caractère impressionnable de Noël, et le sentiment de la crainte remplaça du moins en elle le repentir d'une faute.

Une demoiselle à marier du rang et de la fortune de mademoiselle Duplessis, devait attirer grand nombre de prétendans. En effet, ils ne manquaient pas. Les jeunes gens de la vieille et de la moderne aristocratie, habitués du salon de M. Duplessis, devenaient de jour en jour plus assidus. C'était à qui ferait plus grand étalage d'élégance et de fortune.

Parmi eux se faisait remarquer M. le marquis de Saint-Florent, diplomate de haut rang, et qui, à trente-six ans, avait la perspective d'une carrière brillante à parcourir. Riche de ses titres et de son antique noblesse autant que de ses capitaux, il s'occupait à augmenter chaque jour ces derniers des fruits d'une rare parcimonie. Car c'était un homme rangé, un de ces hommes qui regardent l'argent comme l'unique affaire, d'où rayonnent toutes les autres, et qui, jeunes encore, n'éprouvent d'émotion vraie qu'à l'aspect d'une hausse ou d'une baisse. Jugez ce qu'ils seront dans leur vieillesse.

M. de Saint-Florent s'était fait une vie avaricieuse et égoïste, comme le rat dans son fromage. Tout ce qui se passait autour de lui, il le rapportait à sa personne. Hors cela, il ne prenait intérêt à rien. Il jouait à la bourse : il était heureux; pour gens de cette espèce c'est l'ordinaire. Malgré sa lésinerie, son appartement avait une apparence de luxe confortable. Il est vrai qu'il savait le compte de tous les objets qui composaient son mobilier. Il avait écrit, par chiffres, sa batterie de cuisine; il avait écrit son argenterie; il avait écrit son linge; il avait écrit jusqu'à la peau de lézard remplie de foin qui ornait la console de son cabinet d'étude. Enfin, il avait tout marqué, étiqueté, numéroté; et, si son domestique avait le malheur de laisser tomber une cueiller d'argent... cinq sous. S'il fêlait ou ébréchait la théière de porcelaine ou la tasse de Monsieur, il en rachetait une qu'il payait de ses deniers. Et il était quelquefois chassé par-dessus le marché.

Tel était M. le marquis de Saint-Florent. Ses qualités d'homme de ménage devaient en faire un excellent mari, quoiqu'il fût petit, maigre et laid. Cette classe d'êtres dans l'espèce humaine, ce sont les fourmis chargées de travailler, d'accumuler pour les générations futures. Et cela par pur égoïsme, sans songer le moins du monde à ce qui doit leur succéder.

Ce jour-là, on avait dîné en petit comité chez M. Duplessis, quelques amis avaient été invités, et la soirée eut tout le laisser-aller d'une réunion de famille. Pendant que le maître de la maison se livrait à de longues discussions, parsemées de digressions plus longues encore, les jeunes gens qui se trouvaient à la fête se mirent à danser et à batifoler. M. de Saint-Florent fut d'une amabilité rare. La galope commençait a être de mode. Il offrit à Elisa de la lui montrer, et se mit aussitôt en devoir de lui donner sa première leçon. La jeune personne y prit goût, et, pendant toute la soirée, elle s'accrocha à son cavalier avec une persévérance qui mit l'heureux marquis encore de meilleure humeur.

Cependant il se trouvait un contraste à côté de cette joie bruyante. Noël, tout-à-fait remis, quoique encore pâle, de sa blessure, restait spectateur oisif de ces mille folies qui se faisaient autour de lui. Dans notre siècle, plus que dans aucun autre, il se trouve nombre de jeunes gens dont le sérieux, la gravité, ne sembleraient compatibles qu'avec des cheveux blancs. Et c'est vraiment un contre-sens, une anomalie vivante parmi des gens réunis pour s'amuser. Car là, du moins, la mélancolie et l'ennui ne devraient pas se pardonner.

Noël, sombre et taciturne, se faisait donc remarquer, ou plutôt totalement oublier par cette bouderie de mauvais ton; assis dans un coin, il fronçait le sourcil à chaque éclat de la voix vibrante d'Elisa, au point qu'on aurait pu le croire jaloux.

— Quelle impudeur ! se disait-il à part soi, ce genre de danse tient le milieu entre le chahut et la walse.

Et toutes les fois qu'en passant devant lui, les vêtemens d'Elisa lui soufflaient un vent frais au visage, il se tournait impatiemment et proférait entre ses dents des paroles énergiques. On aurait dit un souffle d'enfer qui lui jetait la rage au cœur. Et cependant la fête continua joyeuse. On entendit long-temps l'éclat du rire. Puis, bien tard, la folâtrie diminua. Avant de se séparer, les futurs se livrèrent à de tranquilles causeries de fêtes, de bals, de noces, de parures. Et quand on se dit adieu, mademoiselle Duplessis paraissait prise de belle passion pour le marquis de Saint-Florent.

L'heure de dormir était venue, le fanal de l'escalier éteint, et toutes les portes closes; une cependant s'entre-bâillait à petit bruit. On aurait cru voir un voleur s'introduisant furtivement dans l'appartement d'Elisa. La molle clarté d'une veilleuse empêchait qu'on ne fût dans une obscurité complète, et faisait distinguer les objets les plus rapprochés du lit. La jeune personne était couchée; le sommeil semblait même lui fermer la paupière.

Celui qui entrait s'approcha d'elle, releva en passant une robe blanche jetée étourdiment sur le parquet, et s'enivra un moment aux senteurs d'ambre qu'exhalait la mousseline. Mais, avec le geste du dépit, il la chiffonna bientôt dans sa main, et s'approcha plus près du lit.

— Qui est là? demanda Elisa en ouvrant les yeux.

— Moi, répondit l'indiscret à voix basse.

— Mon Dieu! Noël, vous êtes ennuyeux. Allez vous-en!

— Ce n'est pas pour m'en aller si vite que je suis venu.

— Encore une fois, retirez-vous. C'est aussi une tyrannie atroce de me tourmenter jusqu'aux heures de mon sommeil, comme un vampire, comme un vilain rêve.

— Mon amie, je souffre, je suis malade, j'ai besoin de pleurer sur ton sein. J'ai pensé que tu ne me repousserais pas, et je suis venu.

— Monsieur, reprit-elle avec hauteur, je vous prie de perdre avec moi ce ton d'impertinente sensiblerie. Oubliez-vous que je dois toujours être pour vous mademoiselle Duplessis, et pas autre chose ?

— Oh ! si je l'oubliais, vous m'en feriez ressouvenir par votre fierté. Cependant, quoi que vous fassiez, m'empêcherez-vous de regretter mon bonheur passé, et de maudire mon sort, quand je vous verrai fanée, froissée par des mains qui ne sont pas les miennes ?

— Vous êtes jaloux, peut-être ? et qui vous en donne le droit ?

— Mais tu es ma femme, à moi, à moi seul ! tu le sais, Elisa ! Ne te souvient-il plus que tu m'appartiens corps et âme, que tu t'es livrée à moi le premier ?

— Belle conséquence ! parce que j'aurai été assez faible et sotte pour condescendre à ce que vous appeliez votre bonheur, la suprême félicité, je dois renoncer, pour vous, à mon brillant avenir, dire adieu aux fêtes, aux parures, aux adulations, repandre sur mon sort l'obscurité de votre vie, et devenir la femme..... de qui, après tout ?

— Oh ! dites, dites, mademoiselle, la femme d'un pauvre Savoyard.

— Eh bien ! voilà ce que vous m'offrez pour le sacrifice de tout ce que je perdrais ?

— Vous ne croyez pas à l'amour ! reprit le jeune homme avec abattement.

— Je vous l'ai dit, j'ai commis, avec préméditation, une faute à laquelle le monde ne pardonne pas. En secret, j'ai voulu voir si le bonheur réel n'était pas là. J'ai voulu compléter les sensations les plus intimes de l'amour, en connaître l'ivresse, et vivre d'une seconde vie, comme vous dites poétiquement. Et quand j'ai eu mis en parallèle vos rêveries délétères, les épouvantemens de votre passion, et l'existence douce, joyeuse, parfumée d'une femme élégante, je n'ai pas hésité un moment dans mon choix. L'avenir que vous me prépariez aurait été un enfer.

— Tu blâmes mes emportemens ! ah ! tu ne m'as pas compris ! Abandonné, solitaire au monde, dois-je donc sourire à cette vie amère que toi ou la fatalité m'avez préparée ? Mais ne parlons plus de moi.

Ainsi vous allez passer froide, inanimée, semant la torture et l'angoisse autour de vous, n'apportant un baume aux cuisantes douleurs de vos victimes, qu'autant que vous y trouverez la satisfaction de votre vanité (car alors l'infamie vous coûtera peu). Oh ! vous êtes une belle œuvre inachevée, semblable à ces créatures misérables que le scapel du chirurgien arrachait à la destination de la Providence pour leur faire chanter les louanges du Très-Haut, dans les églises de Rome,.... ou plutôt il n'y a pas de cœur là !

Avant que mademoiselle Duplessis eût pu s'en défendre, il avait appuyé son visage baigné de larmes sur son sein bondissant, et rougissait la blanche peau de la jeune fille de ses baisers dévorans.

— Noël, vous êtes maniaque. Votre imagination vous ôte la raison. Vous voulez avoir un rôle tragique à jouer dans ce monde; vous me répétez pompeusement qu'il y a un drame dans votre cœur; et vous vous en prenez à tout. Mais portez donc la main à votre tête, et n'allez pas chercher ailleurs la source de votre exaltation, fou que vous êtes !...

Enfin, ajouta-t-elle, pour rompre le silence qu'il s'obstinait à garder, si vous m'aimiez véritablement, vous ne seriez pas si exigeant;

songez de quel ridicule l'opinion flétrirait notre union; songez que je dois avoir un époux riche et noble, et qu'une fille de mon rang ne peut se mésallier.

— Comment! c'est la foi dans les vieux préjugés qui vous éloigne de moi! c'est la crainte de n'avoir point un écu bariolé pour l'accoler à l'écu de votre race! C'est la religion du blason et un calcul de sotte vanité qui font que vous ne me reconnaissez plus! Pour être conséquente, il fallait donc, au jour de nos fiançailles par la nature, redouter de voir les fantômes de vos ancêtres se dresser entre vous et moi, il fallait toujours me repousser du pied, comme aujourd'hui. Alors je me serais trouvé en quelque sorte consolé d'être sacrifié au culte de l'honneur mal entendu peut-être... Mais, à présent, je crois pouvoir marcher votre égal!

— Les apparences sont en ma faveur, et l'opinion publique m'est plus précieuse que tout ce que vous pourrez dire de moi.

— Et si je disais les charmes les plus mys-

térieux, les particularités les plus secrètes de
ton corps de jeune fille, si je publiais que tu
t'es donnée à moi, si j'affichais à la face de tous
ton déshonneur...

— Je répondrais que tu en as menti. D'ailleurs, tu ne feras pas ce que tu dis là; tu ne l'oserais pas; on ne te croirait point.

— Non, c'est vrai! je ne te dénoncerais pas à la risée publique, parce que je t'aime trop! je préférerais mourir.

- Ainsi c'est donc fini entre nous? A toi désormais le bonheur, les triomphes; à moi infortune et mépris! à toi le calme de l'insouciance! à moi l'orage du désespoir et de ma fougueuse passion!

Il se tint un moment debout, les yeux fixés sur la poitrine nue d'Elisa, plongé dans une muette contemplation de cette fraîche beauté qui n'avait subi que ses caresses à lui; mais tout à coup, le feu de son regard s'éteignit comme sous un crêpe; ses mains se tordirent, et il tomba lourdement, évanoui, sur le parquel. Elisa, effrayée, se précipita vers lui, le prit dans ses bras, cherchant à le ranimer en lui faisant respirer des sels; mais vainement, agenouillée, elle lui prodigua les plus douces interpellations, les soins les plus inquiets. Il restait dans une immobilité absolue, et tout-à-fait semblable à un mort.

A un bruit de pas qui se fit entendre dans le vestibule, elle s'efforça de traîner le corps du jeune homme dans la cheminée, afin de l'y cacher. Impossible! il était aussi lourd qu'un cadavre. Alors, échevelée, au désespoir, elle se leva en frappant du pied sur le front de Noël

— Noël! lève-toi! voici mon père! s'écria-t-elle.

C'était lui en effet, M. Duplessis, enveloppé dans sa robe de chambre, coiffé d'un bonnet de coton. Son appartement était voisin de celui de sa fille, et il croyait avoir entendu chez elle le bruit de la chute d'un corps.

— Mon père! mon père! sauvez-moi! dit-elle, se jetant dans ses bras

Celui-ci, stupéfait en voyant le jeune homme pâle, se redresser comme un spectre, réveillé qu'il avait été par la brutale action d'Elisa, s'arrêta à la porte, et sembla atterré de la révélation d'un odieux mystère.

— Quoi! Noël ici? à cette heure? Et toi, tu étais au lit, ma fille?

Personne ne répondit. Seulement le jeune homme regarda Elisa qui s'éloignait de lui avec un geste de dégoût. Il comprit.

— Mais, c'est un crime abominable! violer ma fille! il y a là de quoi me tuer!

— Ah! je suis indigne de lever les yeux vers vous, répondit Noël avec résignation. Je suis un lâche! un misérable! J'ai porté l'infamie dans votre famille; je me repens, et suis prêt à vous venger comme vous l'ordonnerez.

— Suivez-moi, dit gravement M. Duplessis, en faisant sortir son jeune protégé de la chambre d'Elisa. Puis, quand ils furent seuls, Noël, il faut nous quitter, ajouta-t-il. J'en ai regret, car je t'aimais déjà comme mon fils, plus que mon fils, peut-être, je ne sais pourquoi. Et cette affection m'avait, jusqu'aujourd'hui, empêché de craindre que tu fusses capable de me faire du mal. J'avais songé que tu regarderais en tout Elisa comme ta sœur. Je m'étais trompé; mais je te pardonne, mon enfant, car la chair est faible; et puis elle est belle, mon Elisa, et j'aurais dû te prévenir. Enfin, c'est un grand malheur, n'en parlons plus. Maintenant, tu sens bien que nous ne pouvons plus rester ensemble; d'ailleurs, il est temps que tu songes à embrasser un état. La médecine me paraît convenir à ta position et à tes goûts; c'est une carrière lucrative en même temps qu'honorable; qu'en penses-tu?

— Le moindre de vos désirs sera pour moi une vocation. Ce n'est pas d'aujourd'hui que je vois combien ils me sont favorables. Hélas! je mérite si peu vos bontés!

— Voyons ce qu'un jeune homme, qui veut travailler et qui ne veut pas faire de folies peut dépenser dans une année. Je pense que quinze cents francs te suffiront; j'y ajouterai cent écus pour frais d'inscriptions, achats de livres, etc. Quand on n'est pas destiné à être riche, il est nécessaire de s'imposer des privations pendant la jeunesse.

Après quelques autres exhortations, toutes paternelles, il congédia le jeune homme.

— Va où tu voudras; use de ta liberté comme tu l'entendras maintenant. Quoique je désire que tu ne te trouves jamais en présence de ma fille, reviens me voir souvent; je recevrai tes visites dans ce cabinet. Je serai toujours heureux de t'embrasser et de te prouver que je t'aime, mon pauvre enfant!

En le serrant dans ses bras et en disant ces derniers mots, il avait des larmes dans la voix. Noël sanglotait. Son âme était déchirée.

Le lendemain, il était logé dans une maison de la rue de l'Ecole-de-Médecine, non loin de l'hôtel où se passa le drame de Charlotte Corday.

CHAPITRE III.

Il faut voir ça une fois.

H. H.

Virginie.

Voici un chapitre en tête duquel j'aurais pu écrire : *Episode de la vie d'une fille.* Ou bien : Souvenir de jeunesse. Donc, si votre chaste imagination répugne au nom seul d'une prostituée, si vos souvenirs ne se reportent que vers le fauteuil et le matou du grand-père, ne lisez pas ce chapitre ; vous en chercheriez vainement le but moral. Du reste, soyez persuadé que je ne parle que d'ouï dire.

Notre jeune homme ne sentit pas d'abord tout le charme de sa position nouvelle. Avoir dix-huit ans, cent sous à dépenser par jour, et sa liberté encore ! Il y a là un germe de bonheur à développer. Mais Noël avait trop d'amour pour envisager de sang-froid la carrière libre, sans entraves que son bienfaiteur lui avait préparée. Il ne voyait que la froideur, la cruauté avec laquelle Elisa l'avait repoussé.

— Oh ! si je pouvais être comme elle, égoïste et sans attachement pour rien ! Si je parvenais à rendre mon âme insensible et inébranlable comme un lac de glace, mon expérience, quoique bien jeune, me dit assez que j'aurais là une des meilleures conditions de mon bonheur. En effet, l'indifférence c'est partout le passe-port de la vie. Endurcissez-vous à voir d'un œil sec le convoi du pauvre, les larmes de la veuve, toute infortune enfin, si vous ne voulez pas être accusé de sensiblerie. Sachez revêtir un masque, un masque de fer qui ne blêmisse, ni ne rougisse, environnez votre cœur d'un triple airain... Et puis, livrez-vous au hasard, et comptez sur l'avenir. Vous trouverez bien encore quelques femmes qui se prendront de pitié en face d'un drame sombre. Mais suivez-les chez elles. Elles oublieront leur douleur aussi vite que le mouchoir trempé de leurs larmes, qu'elles jettent au sale. Le drame, c'est une fiction. La vie n'a rien de si atroce que veulent le dire ces tristes romantiques.

Après cette longue boutade, Noël, en présence de lui-même et toujours persécuté par une image chérie, essaya de fuir la solitude. Machinalement et sans autre but, il sortit au jour tombant. Il marchait vite, dans l'espoir d'échapper par le mouvement au supplice de ses pensées. Ce qu'il espérait, arriva. Il en vint à n'éprouver ni sensation physique, ni sensation morale. Il n'avait la conscience de son existence que par le bruit de ses pas sur le pavé retentissant. Cet état est peut-être ce que nous pourrions appeler la volupté de la douleur.

Il entrait dans la rue........., quand il fut arraché à sa léthargie par une voix dont le timbre, quoique un peu rauque et cuivré, avait cependant quelque chose de caressant.

— Viens-tu me voir ce soir? disait une jeune fille dont le visage semblait conserver un reste de fraîcheur, encadré qu'il était dans un petit bonnet d'une forme toute coquette.

Noël s'arrêta.

— Comme tu as froid aux mains! Viens, j'ai du feu dans ma chambre... Allons, viens-tu?

— Où donc? répondit bêtement le jeune homme.

La malheureuse lui prit la main. Noël frémit de tous ses membres, poussa un soupir et s'élança, sur les traces de sa conductrice, dans une allée noire et si étroite que deux personnes ne pouvaient y passer de front. L'escalier, véritable casse-cou, conduisait à un premier étage dont la porte était fermée, mais qui avait, outre cette porte, un guichet ouvrant sur l'escalier et assez semblable au vasistas d'un concierge. Ce fut à cette meurtrière qu'apparut la tête d'une vieille, emmitouflée d'un mouchoir à carreaux bleus et rouges. Elle était paralysée d'un côté de la mâchoire; elle était impotente, podagre, chiragre, et c'était pourtant cela que les demoiselles appelaient Madame. La vieille tendit la chandelle fixée dans un bougeoir en fer, dit quelques mots à demi voix, et sourit comme un babouin qui grimace.

Ils montèrent au second, Noël trébucha au seuil de la chambre qui lui fut ouverte. La première fois on a le pied si peu assuré, qu'un observateur pourrait dire son degré de corruption à la manière dont un jeune homme fait son entrée dans un mauvais lieu. Notre héros, comme tant d'autres, lança dabord quelques jurons et quelques blasphèmes; et puis il s'empressa de se regarder aux vieux miroir incrusté dans la boiserie verreuse de la cheminée. Il s'y vit blafard; ses dents claquaient, il eut peur de luimême.

— Il fait horriblement froid ici? dit-il.

— Bah! répondit-elle préoccupée et en tendant la main; et de l'argent?

— Ah! c'est vrai, de l'argent. J'oubliais que j'étais dans un.....

Il s'assit sur une vieille chaise de paille, et attira la jeune fille près de lui.

— Ecoute-moi. Je suis un homme bizarre et malheureux; pourtant il me semble que si une voix de femme me disait de douces paroles, fussent-elles feintes et achetées à prix d'argent, je serais un peu consolé. Je veux donc que tu sois à moi seul pendant cette soirée, et qu'à cause de moi tu fasses trêve à ton dévergondage de fille publique.

A mesure que parlait le jeune homme, un changement s'opérait dans la physionomie de cette femme; elle perdait sa gaîté d'emprunt pour devenir sérieuse; ses yeux semblaient s'animer du feu des vives passions, et dans le long baiser qu'elle imprima sur la joue de Noël, il y avait une reminiscence d'amour.

— Virginie, allons donc ! allons donc ! vous êtes bien long-temps là-haut, cria une voix en fausset dans l'escalier.

— C'est notre vieille rosse qui s'inquiète déjà, murmura Virginie.

Noël lui donna une pièce d'or, et elle redescendit chez madame, en fredonnant quelque romance sentimentale.

Si j'avais entrepris la statistique de la corruption, j'aurais essayé de faire la topographie complète de ce Lupanar de dernier ordre. Mais je me contenterai de parler de la chambre où se trouvait actuellement Noël.

Ce n'était pas un de ces mauvais lieux de bon ton, où la luxure asseoit son domaine à la faveur des arts et de l'élégance modernes, où l'on voit des Vénus pudiques, des phrynés sortant du bain, des odalisques, des priapées, à côté des portraits de l'empereur et de ses généraux, où les meubles sont d'acajou, où les lits sont blancs et rebondis. Les libertins de bas étage s'abandonnent plus franchement à leurs inclinations. Peu leur importe la dégradation dans toute sa nudité, dans toute sa pauvreté, sans fard et sans récrépissage; ils n'ont pas besoin d'être excités, agacés par les recherches du luxe; ils veulent une bonne sensation physique, rapide, et rien que cela.

Noël se trouvait donc dans une pièce de très mesquine dimension, sale et à peine meublée : tout y était incomplet, cassé ou fêlé; un seul vase à fleurs, en verre bleu, ornait la cheminée; le plateau, placé sur une commode disloquée, était depuis long-temps dépourvu de son anse; les rideaux du lit, ceux que l'ordonnance de police place aux fenêtres des lieux de prostitution, étaient d'un jaune de safran à force de malpropreté; quelques enluminures, pastiches de l'Arétin, avaient le même vernis d'ancienneté; enfin, le lit sur lequel Noël porta aussi son investigation, lui donna un soulèvement de cœur.

Alors il s'étonna d'avoir été si facile à entraîner, et s'assit près de la cheminée, honteux, les bras pendans.

Virginie rentra, portant une falourde à dix-huit sous.

— Tiens ! dit-elle ; madame qui voulait me chipper quinze francs pour ma soirée ; par exemple ! je ne lui en ai donné que dix ; c'est tout ce que je pourrais gagner en recevant trente sous, comme elle le veut souvent, afin de conserver la pratique, dit-elle ; et puis, je n'irai pas m'échiner pour lui faire plaisir..... Si tu savais, mon cher, comme elle est ladre, cette vieille bohémienne ! elle nous donne à manger bien moins qu'à son chien Trimm, nous change de linge tous les trente-six du mois, et voudrait avoir jusqu'au dernier sou de notre gain, au point qu'elle nous fait griser pour nous le voler ; mais aussi on la triche, et on fait bien.

Après avoir exhalé son mécontentement, tout en allumant le feu, elle prit une chaise, s'assit près de Noël ; et, pour le tirer de sa morne rêverie, elle se mit à lui dire mille facéties, mille lazzis polissons, à la manière de Mayeux que vous avez connu plus tard. La tirade dramatique, sentimentale, et même morale, venait aussi à la traverse; et tout cela faisait une confusion singulière de savoir et d'ignorance, de sérieux et de badinage, de sensibilité et de froideur. On voyait qu'elle s'était saturée aux caractères de toutes couleurs, qu'elle avait fraternisé avec toutes les inclinations, qu'elle s'était fanée à toutes les lèvres. Son langage, je n'essaierai pas de le reproduire; parfois il faisait mal, à force d'être gai, parfois aussi il était la conscience de son abjection. Le jeune homme l'écoutait muet, et il se sentait touché d'une profonde pitié en voyant cette belle fille si insouciante, quoique si dégradée. Cette espèce de femmes, qu'il n'avait jusqu'alors envisagées qu'avec dégoût, et comme une monstruosité, lui semblait moins repoussante de près; il était tenté de pleurer, en songeant à la fatalité qui les jetait là.

— Virginie, tu es une bonne fille, lui dit-il : il me semble que je t'aimerais ; oui, j'aurais pu t'aimer comme une maîtresse, si......

— Tu serais encore un drôle d'homme d'aller devenir amoureux de moi.

— Pourquoi pas ? quand on s'éveille à l'amour, on sourit, on tend les bras à toutes les femmes.

— Oh ! est-ce de l'amour cela ? non, non pas. Pour moi, je me souviens que, dans le temps, je ne voyais au monde qu'un homme, un seul.

— Comment ? tu aurais connu l'amour, toi ?

— Ah ! mon ange, je ne te souhaite pas d'aimer comme je l'ai fait. Ma première passion a fini par les petites-maisons ; j'étais devenue folle.

— Et comment es-tu arrivée ici ? Je me suis toujours imaginé qu'il en est peu d'entre vous qui n'ait bien des malheurs, de pénibles infortunes à raconter.

— Peuh !... fit-elle, mon histoire n'est ni intéressante, ni longue ; elle date de quatre ans, puisque j'en ai vingt et un, et que j'en avais dix-sept alors. Je pourrais la broder, mais j'aime mieux te la conter tout simplement.

Si tu m'avais vue quand mon père me plaça dans une boutique de lingère, tu m'aurais trouvée bien différente de ce que je suis maintenant. Songe combien trois ans de ce vilain métier peuvent déformer une femme ; combien mes lèvres et mon visage ont dû se flétrir, se gercer au froid et aux neiges de la rue ; combien mon corps a dû perdre de son pâle incarnat, brisé par les mains de tout passant ! et ensuite la misère... Quand j'y pense, je trouve étonnant après cela que je ne sois pas déjà toute vieille et toute flasque.

J'étais donc gaie et fraîche grisette dans un magasin de lingerie, souriant d'aise aux espiégleries de nos demoiselles, plus folâtre, plus joyeuse que les autres, et me faisant de notre travail une partie de plaisir. Va ! ma bonne humeur n'était pas celle que tu me vois maintenant, qu'il me faut rire, jouer, batifoler, quand j'ai envie de pleurer. Et puis ! j'étais si naïve !

un regard d'homme me faisait rougir jusqu'au blanc des yeux. C'était toujours ma réponse aux agaceries dont j'étais souvent l'objet.

J'allais quelquefois trottant menu à travers les rues, courant, sautant les ruisseaux, accostée par des jeunes gens, et je marchais sans les écouter. Un jour, je me pressais pour arriver au magasin, car la nuit venait, il pleuvait, et un homme était là, toujours derrière moi, qui me touchait le coude et me disait des paroles que je faisais semblant de ne pas entendre. Je tenais mon carton de son côté pour l'éloigner de moi. Il devina ma ruse, car il passa à gauche et me saisit la main avec laquelle je relevais ma robe. Je voulus l'éviter en me jetant au milieu de la rue. Mais, voilà qu'une diablesse de voiture passait en ce moment; je me trouve sous les pieds des chevaux, et la dernière chose que j'entends c'est :

— Une femme, cocher! vous écrasez une femme!

Je repris connaissance dans une salle de

l'Hôtel-Dieu, la tête empaquetée de linges, le visage meurtri, les bras comme brisés; quand je regardai, je vis un homme qui était près de moi, et c'était celui qui m'avait poursuivie avant mon accident, et qui l'avait causé.

Il dit : — Cela ne sera rien; et, en s'en allant, ajouta : — Je reviendrai.

Aussi je songeai à lui. Je le trouvais beau, mon Emile, avec ses cheveux blonds, ses yeux noirs fascinateurs, et ses traits doux comme ceux d'une femme. Enfin, au bout de quinze jours, j'étais rétablie, et quand j'allai remercier le jeune homme, je voulus rester avec lui. Il me garda.

Ah ! je ne faisais pas métier de vendre ma prostitution alors ! je ne savais pas ce que c'était que de trousser sa robe au bon vouloir du plus sale voyou, de se livrer nue à l'orgie pour de l'argent; je me donnais bonnement, gratuitement, j'étais jeune, j'étais sa servante; fière de lui appartenir, je serais restée inébranlable à toutes les séductions de la fortune, à l'appât de toutes les félicités qui n'auraient pas été lui. Mais, pour Emile, le dégoût vint bien vite. Sans doute un préjugé lui souffla qu'il ne devait pas mêler sa vie à celle d'une fille malheureuse et sans avenir, qui se perdait à cause de lui. D'ailleurs, il est convenu que nous autres grisettes sommes de pauvres fleurs qu'on effeuille, qu'on froisse, et qu'on abandonne après, comme un bouquet le lendemain du bal. La beauté d'une grande dame peut encore n'être pas sans parfum après sa dixième intrigue ; elle a toujours pour elle les vanités du rang. Mais nous, souvent une seule faute nous met bas comme la boue du ruisseau. Cependant Emile était un de ces jeunes hommes qui ont juré, disent-ils, haine au préjugé, qui sont destinés à faire régner l'égalité en France. Il me l'a souvent répété : eh bien ! toute avanie, tout abaissement m'est venu de lui.

A chaque instant, il changeait de logement pour m'éviter; partout je le retrouvais et je m'accrochais à lui de nouveau. Il m'appelait son cauchemar, son mauvais génie; qu'est-ce que cela me faisait quand je croyais le tenir bien? Quoiqu'il me renvoyât rudement et me fît d'extravagantes menaces, je lui répondais résignée : — Fais de moi ce que tu voudras, pourvu que je sois près de toi. Laisse-moi être ta servante, essuyer la poussière de tes pieds avec mes cheveux; laisse-moi te suivre partout, te voir souvent! toujours! ou ordonne-moi de me casser la tête contre les pavés et je le ferai!

Il ne m'écouta pas et réussit à me tromper. Las de ma personne, il me donna à un jeune Romain de sa connaissance qui repartait pour son pays. Le signor San P... vint me voir et me dit qu'Emile m'avait joué le mauvais tour de s'en aller en Italie sans me prévenir. Il me glissa quelques mots sur l'indifférence de mon amant, et s'offrit pourtant de m'emmener et de me le faire retrouver.

Me voici donc voyageant en poste sur la route d'Italie, à côté du signor San P...! Il était beau, agaçant, et moi étourdie. J'eus bientôt succombé; mais, sans amour et sans bonheur, je le voyais empressé à satisfaire mes caprices. Au milieu de mes faiblesses, je sentais que mon cœur appartenait tout entier à Emile. Je n'avais consenti à être la maîtresse de son ami, que pour courir à sa poursuite. Je ne me croyais donc pas coupable.

Mon cher, quoique je sois pauvre maintenant, que je n'aie pas une chemise à me mettre sur le corps, que j'en sois réduite à ce jupon troué et rapetassé, qui n'est pas même à moi, et à cette robe qui a servi à plus de vingt misérables de mon espèce qui m'ont précédée, eh bien! j'ai été riche, j'ai eu de fins cachemires, de belles robes et mille francs à dépenser par mois. Et de tout cela je ne faisais aucun cas loin de mon bien-aimé. Pendant un an, je m'appelai madame San P. Adulée par les cavaliers servans dans ma loge du théâtre de la *Scala,* ou bien à Rome, à la suite des blanches processions, j'étais désespérée de l'avoir perdu, lui. A la fin, ma tête se monta, et un beau matin je me réveillai malade, exaltée, et le signor me fit placer dans une maison de fous. C'était un moyen de se débarrasser de moi. A quelque temps de là, mes gardiens, las de me nourrir, me renvoyèrent à leur tour. Et à peine vêtue, mendiant mon pain, je repris le chemin de Paris.

Arrivée ici, j'avais faim, et je préférai me vendre que de continuer à demander l'aumône. Et me voilà! Le métier me fut rude d'abord; j'eus bien du mal à m'y faire; les premières fois je pleurais. Et maintenant, quand le hasard me place dans une bonne maison et me jette sur le dos une robe de satin, j'en suis aussi fière que la plus noble dame. Pourquoi pas? ne suis-je pas une puissance? Dans mes dégoûtantes complaisances, et au moment où je vous parais plus ignoble qu'une bête brute, j'exerce aussi ma vengeance à moi contre le monde que je fais rougir. Un homme m'a repoussée par orgueil. Eh bien! je tue des hommes! Il y en a de jeunes et de beaux qui ont déjà payé pour Emile, va!... Les femmes me maudissent en passant. Je le leur rends bien, en envoyant les infirmités et la ruine dans les familles.

L'aveu de cette cruelle satisfaction, de cet orgueil à part et venant de si bas, aurait dû enlever à Noël la pitié véritable que l'épisode de Virginie avait fait naître en lui. Mais il était ce soir disposé à la sympathie, et il revint bientôt à ses expressions premières.

— Mais, malheureuse, tu mourras un jour sur un fumier, dit-il.

— Qu'est-ce que ça me fait. Je n'aime plus rien, personne au monde; si fait peut-être encore lui. Mais son indifférence est cause que la vie ou la mort me sont tout-à-fait indifférentes. Je serais en peine de dire ce qui pourrait m'émouvoir le cœur.

— Quoi! la crainte d'une mort misérable, hideuse, à l'hôpital, ne te fait donc pas frémir?

— Allons donc! j'aurais de l'argent, de l'or à foison que je ne mettrais pas un sou de côté pour les mauvais jours. Ce serait niaiserie que d'accumuler pour nourrir ma vieillesse. Ce que je crains le plus, ce sont les froides réflexions qui me viendraient avec l'âge. Bon à vous, hommes ou femmes de la société, qui dans vos vieux ans ferez danser vos marmots sur vos genoux, de ménager un corps que chaque jour vient casser, édenter. Quand vous serez bien ébréchés, vous vous ferez un mérite de vos misères. Vous serez laids, ridés, pliés en deux, il est vrai, mais vous vanterez votre expérience, vous parlerez de vertu! Nous autres, pauvres filles, qui savons comme l'âge en donne des vertus, comme il embellit les vices, nous ne faisons pas au moins comme les vieux libertins; nous ne traînons pas une lubricité caduque et hypocrite. Bien peu de nos carcasses ont manœuvré jusqu'à quarante ans.

— Tu es désespérante, Virginie. Si tu n'étais pas une malheureuse, salie de fange, je t'aimerais jusqu'à l'adoration, parce qu'il me semble que ton âme aurait compris la mienne. Malédiction! Pourquoi ne nous sommes-nous pas rencontrés d'abord ? tu m'aurais aimé peut-être ? Pourquoi n'es-tu maintenant qu'une misérable fille de joie ?

— Que veux-tu ! c'est le sort.

— Tu l'as dit : c'est le sort. Ma foi ! c'est lui aussi qui fait que je suis ici ; et je serais bien sot de lutter contre lui. Au fait, qu'importe ton rang dans ce monde ? Tu es à moi ce soir. Au diable l'amour, la sotte sensibilité ! Je ne veux plus prendre la vie que comme une risée.

Noël aussi, dans cet éclair de joyeuseté nerveuse, chercha à tuer la réflexion par l'étourderie. Et la passion profonde qui lui était venue de l'exaltation, s'en alla par cette folie d'un moment. Son imagination qui lui avait fait tant de mal, changea subitement de face. Jusque-là, il avait aimé dans Elisa les mystères de la pudeur. Sans dévergondage, elle s'était livrée à lui en conservant tous les moyens de séduction que la retenue donne à la beauté ; jusque-là, il avait pu considérer la femme comme une création toute poétique. Mais un instant suffit pour

les déshabiller toutes de leur prestige à ses yeux.
Assurément, Virginie était belle, plus d'une
fois elle avait servi de modèle dans l'atelier d'un
statuaire. Eh bien! il resta froid devant cette
admirable nudité; la réalité matérielle, la nature toute crue dont son œil embrassait les proportions depuis les pieds jusqu'aux cheveux,
cela n'était pas la femme qu'il avait rêvée si
aérienne. L'amour lui apparut tout autre que
ce qu'il l'avait imaginé jusqu'alors. Il venait
d'acheter la destruction de ses erreurs les plus
chères. Maintenant il se trouvait en état de lutter de froideur avec Elisa. Car, Virginie était
pour lui un specimen de tout le sexe, et, à
l'aspect de la prostituée, songeant à son amante,
il s'était dit :

— Elle n'est pourtant que cela !

Quant à Virginie, son train de vie n'en
fut pas dérangé le moins du monde. Et si,
par une soirée du mois de janvier, vous étiez
passé, comme moi, dans la rue.........,
vous eussiez distingué, à la douteuse clarté du

réverbère, deux créatures fantastiques allant et venant le long de la devanture de la maison. L'une, petite et toute jolie, n'aurait pu vous dire : *toi*. Je ne sais quel hasard l'avait amenée là depuis une quinzaine de jours; elle avait bien peu d'expérience. L'autre, plus grande, était remarquable par son buste gracieux, serré dans une robe de mérinos amarante. Celle-ci piétinait lestement sur le pavé, le corps en avant, les mains dans les poches de son tablier noir. Et eussiez-vous été poète ou financier, prince ou cocher de fiacre, assassin ou bourreau, vous étiez fort engagé à monter voir Virginie.

Or, je me propose de vous dire, plus tard, si elle devint l'odalisque favorite de quelque vieux libertin, ou si elle alla passer la belle saison à sa maison de campagne (c'est ainsi qu'elle nommait l'hôpital).

CHAPITRE IV.

Une loi, qui d'en bas semble injuste et mauvaise,
Dit aux uns : Jouissez! aux autres : Enviez!

LES FEUILLES D'AUTOMNE.

Une Conversion.

SA chambre était une mansarde, un retrait d'étudiant dans son plus beau désordre, et à l'insouciance avec laquelle ustensiles et meubles étaient épars çà et là, il était aisé de voir que le maître de l'appartement s'en rapportait à lui du soin de son ménage.

Un bouquin grec des Aphorismes d'Hippocrate et quelques livres modernes de médecine étaient entr'ouverts ; les feuillets chiffonnés sur son lit de sangle. Il y avait là aussi des têtes hideuses peintes à l'écorché, des faces ignobles contrefaites, des exemples de bouffissures, d'excroissances de chair, croquis et lavés au vif sur le papier. Il y avait aussi les os d'une épine dorsale, ceux d'un crâne en pièces, couleur bistre, qui se rajustaient à volonté.

Sur la cheminée, il y avait un bras de femme tout blanc, tout nu, que l'étudiant allait déchiqueter. Le scalpel qui devait lui servir était là à côté, la lame appuyée sur un pain de gruau. Des chansons de Piron, l'indispensable Béranger, une édition anglaise de la Pucelle avec images obscènes étaient aussi tout près. Puis une paire de fleurets, avec les masques et les gants, étaient attachés en sautoir au mur incliné, et accostés de deux pistolets. Les bottes, les habits, le chapeau blanc, suprême bon ton du dandysme d'alors, gisaient au travers de tout cela, poudreux et écrasés.

L'étudiant, accroupi à son foyer, s'occupait dans ce moment à faire sa cuisine. Au moyen d'une vieille fourchette en fer, il tourmentait deux côtelettes de veau qui roussissaient dans la casserole. Tout joyeux de voir réussir son opération culinaire, il sauta jusqu'au plafond et se bossoya la tête.

— Comment diable! mon cher, es-tu fou? et trouves-tu que ta caboche n'est pas déjà assez fêlée?

— Tiens! bonjour, Emile! Puisque tu as eu assez bon nez pour flairer mon déjeûner, j'espère que tu le partageras?

— Avec plaisir, mon cher Noël. Voyons donc ta ratatouille : hé! ma foi! pas mal ragoûtant.

C'était chez M. Bellard que Noël avait fait la connaissance d'Emile, le chaud, l'ardent républicain. Le bon Jacquinet, ce pauvre homme dont il s'occupait si peu, et qu'il dédaignait de plus en plus, à mesure que son intelligence grandissait. Son père, enfin, avait été fier de le présenter chez M. Bellard ; il avait si bien exalté le savoir et toutes les qualités de son garçon, que l'ex-négociant désira le voir. Noël, soumis d'abord par mille questions à une sorte de profession de foi, ne cacha point que son avenir, comme son imagination, flottaient au vent du hasard ; que son esprit était dans le vague le plus complet sur les matières dont s'occupaient ces messieurs. Quoique ces dispositions à l'indépendance absolue fussent une rareté parmi des hommes qui se disaient indépendans, l'extérieur agréable de Noël, son air bon garçon lui furent assez favorables, et, en peu de temps, il compta autant d'amis qu'il y avait d'individus à la réunion Bellard. Noël s'y plaisait beaucoup à cause de la commode familiarité qui y régnait.

—Ah ça ! sais-tu bien que c'est une bénédiction du sort de te retrouver cabriolant comme un polichinelle, lorsqu'on t'a quitté débitant des tirades, chippées aux Nuits-d'Young? prit Emile.

— C'est vrai! mon cher, je ne me ressemble plus; une révolution s'est opérée en moi. Ma jeunesse n'avait été jusqu'à présent qu'un pénible rêve. D'abord je m'étais vu, arrivant dans le monde, poussé par des inspirations d'artiste. Je croyais être né poète, et je m'inscrivais déjà sur la liste de l'immortalité; je voulais de la gloire pour moi! Enfantillage! niaiserie! Et quand bien même la gloire m'aurait été possible, quand même quelques hommes ne m'auraient pas mesuré avec leur toise systématique, quel si grand bonheur m'en serait-il advenu? L'éponge de l'oubli n'a-t-elle pas passé sur des générations de grands hommes? ou bien si quelques-uns d'entre eux ont surnagé au naufrage du temps, ce sont comme des signaux, des jallons placés de distance en distance, qu'on regarde en passant, qui font date, et c'est tout. Qui songe aujourd'hui à se pâmer d'admiration pour les hauts faits d'Alexandre ou de César? si ce n'est quelque vieux pédadogue encroûté ? Qu'on ouvre l'histoire : on voit des hommes illustres partout; on n'a que l'embarras du choix. Mais, qu'on y prenne garde, les réputations vieillissent vite et deviennent banales; on risque fort de s'arrêter sur une monnaie qui n'a plus cours, et qui est rangée de côté, rouillée, éraillée par l'amateur qui veut pouvoir dire : Je l'ai; je sais. Mais ne me parlez plus de chaud enthousiasme; chaque siècle emporte le sien avec lui.

— Voilà pourquoi tu n'en veux pas, de la gloire.

— Laisse-moi achever. A peine désillusionné, guéri de ma première sottise, je me jetai dans des chimères plus funestes encore. Je crus que des jours donnés tout entiers à l'amour, devaient suffire à une âme d'homme. Tremblant, anéanti devant une femme, je flétrissais du nom de folies toutes les occupations vulgaires, et je me décorais, moi, du nom de sage. Oh! avoir pour étoiles, pour fares tutélaires, deux yeux adorés; sentir comme une émanation de la Divinité leurs doux rayons vous aller à l'âme; trouver des ravissemens dans le geste, la voix, les moindres actions d'une maîtresse; rapporter à elle, comme vers un pôle unique, nos sensations les plus intimes, les plus enivrantes; c'est beau! et ce serait là du bonheur si une minute de sang-froid et d'investigation ne devait anéantir le charme et tuer notre âme à l'amour. Plus j'étais monté haut dans la région du vague et du vaporeux, plus la conscience de ma déception a été positive. Désormais, je ne puis plus être amoureux et je bénis le ciel de pouvoir ajouter au livre de mon expérience une page que je lirai froidement.

— A la bonne heure, mon cher ami! J'aime à te voir guéri de ton fol enthousiasme pour un objet dont tu n'as pas cru devoir me révéler le nom. Mais écoute, Noël, tu ne seras heureux qu'autant que tu auras fixé ton affection à une passion d'homme. Les dimensions de ton âme sont grandes ; il lui faut un noble amour pour la remplir : celui de la patrie, par exemple !.....

— Le diable t'emporte avec ta politique! C'est une passion aride, factice, qui dessèche le cœur ; rien n'est vrai chez elle. Non, mon ami! non! moi, rêvasseur enfant des montagnes, qui me sens étouffer dans vos villes, qui me prends à rire du fracas avec lequel chacun de vous s'efforce de faire éclater son opinion, je ne pourrai jamais m'enrôler sous un drapeau connu... Et cependant je devrais gémir sur ma jeunesse inoccupée. Chaque minute, chaque heure, chaque jour perdus, je devrais les compter avec remords ; car il me faudra bien un jour une case dans cette société, où le hasard m'a implanté. Malgré cette invincible paresse, cette molle atonie, j'ai un avenir à me créer.

— Sois convaincu que le libéralisme seul pourra te l'assurer.

— Si le libéralisme était tel que je le voudrais, la bonne, la franche indépendance, l'extinction de tout privilége, l'hostilité à toute charlatanerie, je l'embrasserais de grand cœur. Mais, parmi vos républicains, vos zélés patriotes, je vois nombre de riches; et ceux-là se moquent de vous, vois-tu.

— Comment ! mais nous sommes parfaitement du même avis. Il ne s'agit que de s'entendre. L'ère nouvelle que nous rêvons, nous autres jeunes hommes, et qui n'est pas loin, c'est le renversement, le mépris de tout ce qu'on a vénéré jusqu'à présent avec une niaise stupidité. Nous voulons frapper fort et stigmatiser de réprobation l'ordre de chose actuelle, remettre en question la légitimité de la routine, surtout proclamer l'émancipation de ces nombreux ilotes, les prolétaires, dont quelques cumulards ventrus accaparent tous les droits.

— Bravo ! mon cher Emile. C'est un beau rôle que celui de l'homme qui se proclame hautement du parti du pauvre. Les gloires démocratiques constituent aussi une aristocratie à laquelle on doit être fier de parvenir. Si tu penses comme cela, ne discutons plus, tu viens de me faire envisager ton opinion sous un point de vue tout-à-fait intéressant.

Attends ! j'ai ici un reste de rum; nous allons le boire à l'exaltation du paupérisme. Il faut que nous puissions dire de toute révolution future, comme le psaume :

Esurientes implevit bonis, et divites dimisit inanes.

— Excellent ! répondit Emile. Quant aux riches que tu vois parmi nous, il est inutile de dire ce que nous en ferons. Bellard, par exemple, se trouve dépité de n'être que le très humble, très obéissant serviteur de messieurs du vieux régime ; et c'est le secret de son patriotisme; c'est pourquoi il se livre à nous corps et âme. Donc, quand un mouvement se prépare, quand l'inquiétude générale fait espérer que toutes les hostilités vont bientôt se trouver en présence, nous serions de grands sots de répudier violemment ceux qui se disent nos amis. Attendons que le singe ait tiré les marrons du feu, alors nous verrons.... Comme tant d'autres, j'ai crié fort contre les priviléges aristocratiques; mais là n'est pas le fléau de notre époque, va! C'est cette société de banquiers, de riches négocians et d'agens-de-change qui se glissent sournoisement au pouvoir, qu'on devrait surtout démasquer au grand jour. Car, après tout, quel mal m'ont fait à moi les chimères d'autrefois, qui, dans nos rangs d'opposition, deviennent niaisement un épouvantail pour nous, hommes du dix-neuvième siècle ? Qui croira, de bonne foi, que des cadavres puissent ressusciter, et que d'orgueilleux barons, des chevaliers à tours et à créneaux, viendront encore, brandissant leurs épées, nous imposer le denier du voyage ? Vraiment nous devrions garder ces évocations féodales pour effrayer les vieilles femmes et les enfans, et ne pas faire de l'antique noblesse le croquemitaine de notre siècle. Je me suis trouvé en contact avec des hommes riches, et j'ai souffert de leur sotte insolence, de leurs absurdes prétentions. Etaient-ils nobles ? je ne sais ; ils avaient peut-être acheté le *de* qu'ils mettaient en tête de leur nom. Mais ce qu'il y a de certain, c'est que leur orgueil ne prenait sa source que dans la faculté qu'ils croyaient avoir de pouvoir se passer de tout le monde, à cause de leur opulence ; et ce que je sais encore, c'est que ce genre d'aristocratie-là est de nos jours le plus envahissant, le plus tyrannique. Car, s'il se trouve encore des priviléges hostiles aux hommes de liberté, l'aristocratie de fortune les a tous attirés à elle. Et comme les parvenus, aussi bien que les autres, ont contracté une vieille habitude de s'élever, je hais les riches de toutes les catégories.

— A merveille, mon digne ami ! s'écria Noël en embrassant Emile, tes réflexions sont celles d'un citoyen vertueux, d'un véritable philantrope, passionné pour l'égalité et la réhabilitation des basses classes.

Noël se tut. La pensée de Virginie, cette malheureuse maîtresse d'Emile, le souvenir de l'abandon et de l'oubli dans lequel lui-même laissait Jacquinet, son vieux père, lui vinrent à l'esprit, et il eut un remords pour lui-même et pour son ami.

— A propos, reprit Emile, j'ai vu Bellard hier soir. Ce sont de grands apprêts dans sa maison. On met tout sens-dessus-dessous pour la noce de la fille de ton protecteur, mademoiselle Duplessis.

— Ah! fit Noël se passant la main sur le front; elle se marie?

— Tiens! tu n'en savais rien? farceur, va!

— Il y a plusieurs jours que je n'ai vu le père.

— Eh bien! mon cher, c'est une affaire décidée. Elle épouse un marquis ou, comte de Saint-Florent, noble à trente-six carats, bien entendu, et ladre comme pas possible, dit-on.

— Ah! répliqua encore Noël.

— Les deux époux vont compléter tout d'abord une quarantaine de mille livres de rente. Mariage d'argent, évidemment.

— Oh ! c'est stupide ! dit Noël cherchant à se donner de l'assurance.

— Je sais bien que si j'avais été à ta place, ce mariage n'aurait pas lieu. J'ai rencontré plusieurs fois la jeune personne dans le monde ; elle m'a paru assez vive, assez hum !... Et sous le même toit on a tant d'occasions...

— Imbécille ! songe donc que ç'aurait été punir indignement M. Duplessis de ses bienfaits, et qu'enfin ce que tu veux dire m'eût-il été possible, je m'en voudrais éternellement d'avoir déshonoré... Que diable ! on a des principes !

— Ta ! ta ! ta ! ta ! Mais tu es donc fou ! Songe que ce serait œuvre pie d'alléger l'aristocratie d'un peu de sa morgue et de son argent. Un bon garçon comme toi aurait été marié richement ; où est le malheur ? Et puis, tu aurais eu une jolie femme ; ce qui, pour tes amis, aurait bien eu son avantage. — Tu conçois ?

L'autre voulut applaudir à cette saillie ; mais ses traits contractés firent une laide grimace.

— Enfin, c'est une affaire manquée, et j'espère que cela sera une leçon pour toi.

— Voyons, encore un verre, interrompit son ami pour changer le sujet de la conversation; et vivons la vie, comme disaient les anciens.

— Et, note à benêts! reprit Emile, ne va jamais faire le niais devant demoiselle ou dame du noble faubourg, vieille et laide soit-elle comme une guenuche. C'est par le beau sexe qu'il faut commencer la révolution. Entends-tu?

Après quoi les deux amis se séparèrent.

CHAPITRE V.

— Monsieur, vous m'en rendrez raison !
— Vous avez besoin qu'on vous la rende, la raison.
UNE QUERELLE.

Rancune.

Chez M. Duplessis les vitres du salon avaient cessé de grincer au bruit des contre-danses et des joyeux galops. Là, durant long-temps, les voisins avaient pu voir, derrière les rideaux de soie, des ombres vives, coquettes, parées, se croiser, s'enlacer, se fuir, puis revenir, se heurter encore. La fête avait duré huit jours, et chaque nuit, sans relâche, la rue avait été encombrée d'équipages, et le noble hôtel plein de conviés. Cependant tout y était calme maintenant. La lassitude y amenait presque de la tristesse. Et sur une ottomane où les parures du bal avaient secoué leurs parfums odorans, M. de Saint-Florent demandait :

— Ma bonne amie, sortirons-nous ce soir ?

— Comme vous voudrez, Albert, répondit Elisa avec une nonchalance toute charmante.

— Mon ange, je voulais te proposer d'aller à l'Opéra.

— Allons à l'Opéra.

Et puis, une élégante voiture, aux paneaux armoriés, fraîche et reluisante sous son vernis bleu lapis, ébranla sourdement les voussoirs de la porte cochère, et eut déposé, en moins de dix minutes, le jeune couple dans la rue Lepelletier.

En ce temps-là les omnibus existaient. Et la ligne de ceux qui cahotent leurs pratiques de la place Saint-Sulpice à la rue Grange-Batelière était déjà établie.

Quelques jeunes gens, sortant du café Molière, s'arrêtèrent un moment sur le trottoir voisin, comme pour délibérer; puis, se donnant le bras, marchèrent vers la station Saint-Sulpice.

Sans doute vous vous êtes trouvé quelquefois, après le champagne, à faire partie d'une bande de gais compagnons errans à l'aventure dans les rues de Paris? En ce cas vous n'aurez pas manqué de crier fort, de gesticuler, de rire. Une causerie, en pareille occasion, c'est un salmigondis de plaisanteries, de sérieusetés, de sagesse et de gravelures, de bravades et d'insouciance. On s'excite mutuellement, on se pique d'honneur à qui dira ou fera le plus de folies. Et par suite, les citoyens pacifiques, les vieux, les jeunes filles sages, les prudes, les dévotes, les collets-montés se rangent humblement près de la borne, pour laisser le passage libre à la file joyeuse des jeunes hommes.

Ceux-là étaient six, tous de la société de Bellard. Lui-même, quoique par son âge il fût le patriarche de la bande, n'était pas le moins apprécié; il régalait presque toujours. Emile donnait le bras à Noël, ensuite venait le saint-simonien en théorie; enfin, Bellard et deux autres.

Au coin de la première rue où ils entrèrent, une femme bondit d'une étroite allée et se cramponna à Emile en poussant un râle de bonheur.

— C'est encore moi! murmura-t-elle.

Emile fut un instant abasourdi. Mais bientôt il la coudoya rudement, et la pauvre fille alla frapper le pavé de son front. Ensuite, comme les amis du jeune homme cherchaient à la relever, il les entraîna, disant:

— Imbéciles! laissez donc! c'est une fille soûle.

D'abord le cœur de Noël se serra en voyant la cruauté d'Emile. Cependant, quand il songea au peu de magie des baisers flasques de l'infortunée, à son existence fangeuse, il se persuada aisément que la fatalité était là, et que son ami ne pouvait rien contre. Donc, impuissant à sonder le bien ou le mal et la profondeur des choses de ce monde, il se souvient qu'il s'était déjà résolu à prendre tout en risée, et se dit aussi : C'est le sort qui le veut. Puis, quand ils se remirent en marche :

— Messieurs, prit-il à haute voix, je parie que c'est quelque grande dame déguisée qui s'est *devenue éprise* du jeune homme.

— Ou bien un affront pour quelque carotte qu'il aura tirée.

— Bah! messieurs! vous n'y êtes pas! répliqua franchement Emile. J'imagine que j'ai été prédestiné au bizarre, à l'imprévu. Cette aventure m'en est une preuve. Figurez-vous que la misérable que vous venez de voir me suit, me persécute partout depuis environ trois ans. J'ai fait

tout ce que j'ai pu, afin de m'en débarrasser;
eh bien ! c'est une rage, un délire ! elle s'accroche à moi comme un lierre, je la retrouve toujours.... Pourtant, au moment où je la brutalisais, une voix intérieure me félicitait de cette affection qui a traversé tant de souillures. Qu'en dites-vous ? il faut avoir inspiré une passion bien forte pour qu'elle ait survécu au libertinage qui est la sécheresse du cœur !

— Je gage qu'il l'adore parce qu'elle lui aura donné quelque maladie honteuse, s'exclama un des jeunes gens.

— Mensonge ! je ne la savais pas aussi avilie.

— Allons, Basile ! tu sens la fièvre, dit un autre.

Sur ce ils se hissèrent à la file dans un *omnibus* dont la cargaison de la chair humaine fut ainsi complétée. Et bientôt après, le conducteur tendit la main, qui à droite, qui à gauche, pour recevoir le prix de sa course.

Nos jeunes gens disséminés au hasard dans

le long boyau roulant, polissonnèrent, se gobergèrent à qui mieux mieux, aux dépens et au grand scandale de l'assistance. Cependant personne n'osa leur observer qu'ils étaient du dernier mauvais ton.

D'abord les plus rapprochés du conducteur affectèrent beaucoup d'obligeance, et, recevant l'argent des voyageurs confians, se mirent en devoir de régler les comptes avec l'administration.

—Pour le monsieur qui a un parapluie. La pièce de dix sous, est pour le monsieur à gauche qui a l'air d'un jésuite.

— Comment dites-vous ? demanda le conducteur.

— Je vous prie de me rendre de suite.

— C'est quatre sous, je crois.

— Conducteur, c'est six que nous sommes, six, qui nous sommes livrés à la boisson et à l'intempérance ! s'écria le saint-simonien en herbe, réveillé en sursaut par la berceuse machine.

— Est-ce monsieur qui a donné la pièce ?

— Ne l'écoutez pas, reprit le payeur. Il est ivre. Dis donc, Gugus! ajouta-t-il.

— Que tu veux, Théodore?

— Tais-toi seulement. Tu n'as pas la parole. C'est moi qui fais les affaires de ces messieurs.

— Par exemple! te moques-tu de moi? Ai-je donc une figure qu'on vexe?

Et sur l'émission de ce jeu de mots si neuf, Auguste voulut se rendormir.

— Ho! ho! monsieur! reprit-il. Faites donc attention f..... Otez votre parapluie de derrière moi; je n'ai pas besoin d'avoir le dos scié. Je pourrais le casser, votre parapluie.

— Mille pardons! balbutia timidement l'étranger en mettant son rifflard entre ses jambes.

— Mais je ne veux pas... Hé! conducteur! conducteur! arrêtez. Damnation! voici une dame, une jolie femme encore! Arrête donc, vandale! ou je casse les vitres de ton atroce véhicule.

Le conducteur arrêta.

— Madame, dit-il, vous avez un chien ; et il est défendu.....

Une violente réclamation en faveur de la dame et de la bête s'éleva parmi les jeunes gens, et en dépit de tous les *veto* du monde elles furent reçues toutes deux et voiturées comme le commun des martyrs. Quand la dame fut montée, Emile, son voisin, essaya de lier conversation avec elle.

— Il est de fait que j'aime beaucoup les bêtes, madame. Hé, vieux! ajouta-t-il en caressant le chien. Viens ici !

— Hop! hop! hop!

— Ouich! il est méchant !... Satané griffon!.. Après tout, madame, j'aurais été enchanté qu'on allât chercher le commissaire, il n'aurait pas manqué de mettre le conducteur à la raison, et de lui donner une leçon de galanterie. Il est fort de mes amis, le commissaire.

— Merci, monsieur, répondit sèchement la dame. Mais je n'aurais pas dû monter. Je sais qu'il est défendu de recevoir dans ces voitures des chiens et des gens ivres.

Emile crut voir une épigramme dans cette réplique toute simple, et dont peut-être la dame n'avait pas senti toute la portée. Il reprit impudemment en s'adressant au saint-simonien.

— Hé! Gugus! madame qui prend le sou pour l'ivre.

— Tais-toi donc, stupide.

— Comment, me taire? Te fiches-tu de moi? me taire!.... Dis donc, Gugus! sens-tu?

— Quoi?

— Le chien.

— Farceur adorable, va!....

Autre jeune homme. — Oh! c'est vrai, c'est indécent! c'est affreux! Oh! l'infection! Mais, c'est bien le chien, madame; votre chien est incommodé. Conducteur, faites-le évacuer. Ho! ho! il a déjà déposé son amendement sous le siége. Pouah, quelle horreur!

Sur le boulevart, au bout de la rue de Richelieu, la dame se vit privée de ces lazzis placés entre chaque cahot.

— Ne dérangez pas l'animal, madame, dit Auguste passant devant elle : il est en état de siége.

Ils descendirent tout près du passage de l'Opéra.

Ceux-là n'étaient pas de ces dilettanti à prétention qui vont à l'Opéra, parce que cela convient à un homme comme il faut, qui vous tournent le dos en haussant les épaules si vous n'avez jamais assisté à une représentation de Robert, qui, à un passage reconnu admirable, ne manquent pas de dominer le *crescendo* universel de *brava*, d'un éclatant *bravissima*, qui enfin, si vous les en croyez, se pâment de ravissement à l'audition de cette éblouissante musique, et que j'ai vu pourtant s'en retourner le cœur sec comme les yeux. Nos jeunes gens, c'étaient de bons enfans qui venaient là pour jouir du bruit, du mouvement, du spectacle, de tout à la fois; pour sentir leur gaîté s'épanouir sous les scintillemens du lustre, et surtout voir les femmes si fantastiques, si aériennes sous leurs fraîches parures, leurs aigrettes légères, leurs fleurs sans parfum, que du parterre vous les prendriez pour des groupes de sylphides encadrées dans un pavillon oriental; les femmes qu'on admirait parfois, que souvent on critiquait, ou pour lesquelles on se prenait de rixe.

— Je suis fou de l'Opéra, disait Auguste. C'est plus frais, plus poétique qu'un bal. Le lointain favorise l'illusion; c'est un enchantement qui vous vient de la scène et de la salle.

— Eh bien! moi, je suis mal à l'aise ici, répliqua Noël. Tout y est faux, hors de nature. La musique elle-même est mesquine et sans écho derrière vos décorations de carton, et me fait regretter les symphonies naïves du Mont-d'Or. Vos concerts devraient se faire en pleine campagne, quand le soleil flamboie, quand le printemps reverdit et exhale partout ses senteurs. Autrement, votre musique est une niaiserie qui n'a pas de vérité, qui n'a pas d'illusion, un jeu d'enfant.

Toutes ces femmes sont fardées, plâtrées. Exemple, cette vieille aux deuxièmes à gauche. Ne dirait-on pas, à voir ses yeux flambans sous son turban rouge, la peau bise de sa face, les os de sa poitrine, saillans comme des lames de poignard; ne dirait-on pas la mort déguisée en femme?

— Oh! ignoble! en effet reprit l'autre. Mais, ça, c'est une vieille grenouille. En revanche, regarde dans cette avant-scène, du même côté.

— Tête ravissante! parure de houri!

— Tiens! mais c'est Elisa! s'écria vivement Noël.

Les six amis la connaissaient, du moins pour l'avoir vue quelquefois, et ils ne tarissaient pas d'épithètes outrées sur sa merveilleuse beauté.

— Délicieuse! disait l'un.

— La face béate et satisfaite comme celle d'une nouvelle mariée.

— Et le mari ! a-t-il l'air Jobard !

— Stupide, avec son binocle.

— On dirait d'un *Lustick* de mauvaise humeur, quand il veut rire.

— Je prédis à ce minois de singe un triste avenir par le canal du mariage. Pas vrai, Noël, que c'est un pauvre homme que M. de Saint-Florent. Tu le connais ?

— Du tout ! Comme vous, je l'ai vu dans le monde, civilisé, rangé, jamais ne dérogeant à sa dignité, ne commettant pas la moindre indiscrétion. M. le marquis est un de ceux que vous rencontrez souvent en gants jaunes, au balcon, ou aux avant-scènes des Bouffes et de l'Opéra. De leur vie ils n'ont mis le pied dans un parterre ; ils craindraient de s'encanailler ; l'ombre d'une réunion non choisie leur fait peur.

Chez de pareils hommes tout est guindé, empesé, hors de nature. Ils garderont toujours leurs vaniteuses préventions, leur sot mépris contre le peuple qu'ils n'ont jamais vu de près. Eh bien ! à peine sortis du collége, ils sont de l'étoffe dont on fait aujourd'hui les auditeurs au conseil d'état, les secrétaires d'ambassade et généralement quelconques.

Noël enrageait au fond; il aurait voulu tenir à belles dents le cœur du jeune diplomate. Pendant le cours du spectacle, un sentiment d'envie, de poignante jalousie ramenait constamment son regard vers la loge où Elisa, par les mines caressantes prodiguées à son mari, faisait, sans le savoir, endurer au pauvre étudiant un supplice de damné. Mais comment donner issue à sa rage?

Pendant un entr'acte, la foule encombrait le foyer, on soufflait, on marchait vite, humant l'air frais, s'éventant de son foulard; il faisait si chaud! Plusieurs fois Noël, sorti avec son ami Emile, coudoya en passant M. de Saint-Florent qui donnait le bras à sa femme. Celui-ci ne les remarqua pas d'abord, causant fort, riant aussi, ayant l'air de se moquer ouvertement de lui, et

témoignant bonne envie de lui chercher noise:
Elisa, appréhendant une esclandre, lui dit :

— Allons-nous-en, mon ami. Il y a trop de monde ici, je m'y sens mal.

Ils se dirigeaient donc vers l'une des portes du foyer, dans l'intention de sortir, quand le mari remarqua les deux jeunes gens qui venaient de le froisser violemment pour le dépasser et marcher devant lui. Le diplomate avait de fort mauvais yeux, il braqua son binocle vers les agresseurs et l'y tint un moment dirigé. Par malheur, Noël retournant la tête s'aperçut de sa manœuvre, et y répondit par un geste des plus impertinens. Se mettant deux doigts à califourchon sur le nez, à peu près à la manière des soldats qui jouent à la drogue, il se pencha avec un dandysme affecté et toisa ainsi, des pieds à la tête, M. de Saint-Florent, tout en le précédant jusqu'à l'entrée de sa loge. Ce dernier laissa passer sa jeune femme, puis, refermant la porte après elle, accosta brusquement Noël.

— Monsieur, avez-vous l'intention de m'insulter ?

— Comme il vous plaira, monsieur, répondit l'autre avec un rire méprisant.

— Dans ce cas, je vous dois une leçon de politesse, monsieur.

— Que j'espère vous payer en bonne monnaie, monsieur.

— Nous nous reverrons! termina le jeune mari en tournant sur ses talons et lançant à son adversaire un regard fauve.

— J'y compte; et que ce soit le plus tôt possible!

Le lendemain Noël avait déjà fait bien du chemin; il avait écrit au marquis que la conséquence de sa ridicule interpellation ne pouvait être qu'une rencontre très immédiate. Il lui avait donc proposé de se trouver à six heures dans la forêt de Vincennes, et lui-même l'y attendait avec l'ami de la veille. Ils avaient déposé sur le sable humide une boîte de pistolets et une excellente épée de duel.

— Rage et vengeance ! s'écria Noël. Grâce à cette bonne coquille, j'embroche le petit homme comme un limaçon.

— Prends garde, mon ami, qu'il n'aille pas te couler aussi bien une once de plomb dans la poitrine. A un duel au pistolet je donnerais plus cher de la vie de l'homme petit, malingre, rachitique, du mirmidon, que de celle d'un géant. N'oublie donc pas, s'il choisit cette dernière arme, de viser entre les deux genoux; tu connais les pistolets.

— Ne crains rien, te dis-je! De toute manière, je le tue comme une mauviette.

— Tu ne tueras peut-être rien du tout, car voici déjà sept heures et ton homme n'a pas paru. Un riche, un nouveau marié ne doit pas être très jaloux de se mesurer avec de mauvais garnemens comme nous, des prolétaires qui n'ont rien à perdre.

Et c'était vrai, le rival de Noël ne se présenta point, et lui, saisissant sa flamberge par la lame, il la brisa violemment contre un tronc d'arbre.

— Le lâche! il ne viendra pas, hurla-t-il en sacrant Dieu; mais je le retrouverai, se cachât-il en enfer.

Allons-nous-en!

CHAPITRE VI,

En avant, marchons
Contre leurs canons,
A travers le fer, le feu des bataillons!
Courons à la victoire,
Courons à la victoire!

LA PARISIENNE.

Le 28 Juillet.

C'était le mercredi de la grande semaine. Le brûlant soleil de juillet ruisselait sur les têtes de cent mille combattans. Des scènes de carnage avaient remplacé nos habitudes tranquilles. La jeunesse contemporaine allait aussi enregistrer la mort d'une royauté. Car, c'était par trop fastidieux pour nous autres jeunes hommes, avides de grandes choses, d'entendre les gens d'autrefois nous conter merveilles de la république et de l'empire. Arrière toutes les vieilles réminiscences! Voici du neuf, du grand, même du sublime!

Aussi, des flots de populaire noircissaient les quais, fourmillaient dans les rues, se ruaient de l'extérieur à l'intérieur de la ville, au point que vous n'auriez su dire ni quels ils étaient, ni d'où ils venaient. La tradition des barricades de 1648 avait été largement commentée. Qu'était-ce en effet que ces débats de la fronde? Véritable guerre de mirmidons, en comparaison de ce que nous avons vu. Vous savez que, durant la glorieuse semaine, la place de Grève était un tapis rouge fumant de sang au soleil; que les quais, la rue Saint-Honoré, la rue Saint-Antoine étaient défigurés par les mitraillades, et qu'enfin, la plus grande partie de la population tremblait de frayeur et d'attente. Aussi elle s'empressa de crier : Miracle! en voyant une poignée de soldats écrasée par un torrent qui faisait peur à voir.

C'est qu'elle ne se fiait pas trop à ces faces nouvelles, à ces physionomies mélodramatiques à ces apparitions venues là comme de l'enfer. Elle craignait que les bons citoyens, les jeunes officiers, en chapeau rond, ne fussent impuissans à les contenir. C'est pourquoi elle ne mangeait, ni ne dormait, la pacifique population de de Paris; et, admirez l'effet de la peur! en ce temps, une veste de grossière bure, une chemise trouée, noire de poudre, toutes les livrées de la misère étaient plus honorables que le manteau d'un noble pair! C'était beau le peuple! tout le monde le flattait, lui jetait l'encensoir au nez; tout le monde voulait être peuple. Est-ce donc que lui aussi aurait, comme toutes les puissances, des flatteurs et jamais d'amis? On le croirait assez, à moins qu'on n'appelle ses amis, ceux qui l'ont d'abord proclamé très haut, très puissant seigneur, et qui, aujourd'hui, lui rient à la face en lui disant : Canaille! Ce qui aurait été regardé comme un blasphême alors. C'est aussi par trop perfide, ou par trop poltron.

Cependant, arsouilles, fussent-ils, ceux qui se battaient si bien, avouons qu'ils se sont montrés bonnes gens, eux que le beau monde dédaigne, conspue souvent, que le meilleur des gouvernemens possible opprime volontiers ; eux qui devraient toujours avoir des vengeances à exercer contre la société ; car ils ont laissé passer l'instant favorable, et ils se sont croisé les bras, après avoir rudement travaillé pour les autres. Bonnes gens, allez ! on ne vous y reprendra plus. Vous serez mieux avisés une autre fois.

Mon intention n'est pas de vous remettre sous les yeux les trois grands actes de ce drame inachevé. On a déjà beaucoup écrit sur cette catastrophe du pouvoir royal ; et l'esprit de parti a plus d'une fois rendu méconnaissables d'avec la vérité, les relations des différens auteurs.

Attendons encore. Deux ans nous ont vieillis si fort qu'il pourra bien encore nous venir un peu d'expérience pour juger plus sainement de ces choses. Ce serait bien ici le cas de faire des tableaux et des descriptions et de matérialiser cette révolution. Mais la peinture et la poésie l'ont déjà fait; et moi je ne saurais. Je ne vous dirai donc que ce qui est indispensable à l'intelligence de cette histoire.

Le mercredi 28, l'enthousiasme avait organisé l'émeute. Chacun était à son poste; et l'obéissance répondait sans délai au commandement. Le gamin de Paris, à la voix du polytechnicien, s'était redressé aussi brave, plus farouche qu'un vétéran de l'empire; et le faubourien, retranché derrière sa barricade, faisait aussi bravement le coup de feu qu'un grenadier de la vieille garde.

Le matin de ce jour, des amis de Bellard se rendirent chez lui. Ils avaient par-dessus leurs habits bourgeois, un sabre et une giberne, croisés en sautoir, et tenaient à la main un lourd fusil de munition; ils sacraient comme des possédés contre la garde, les Suisses, et le gouvernement du *bon plaisir*. Au lieu de voir Bellard chez lui, ils ne trouvèrent que ces mots tracés à la hâte :

« Il m'est impossible, mon cher Emile, de vous attendre, comme nous en étions convenus. J'apprends, dans l'instant, qu'on se réunit chez un de nos amis, pour délibérer sur de graves questions d'ordre et de sécurité publique. Quelques députés se trouvent dans cette assemblée; je dois voler là où je puis servir plus utilement mon pays, par certaines prévisions d'avenir que par la seule force brutale. A ce poste, mon cri sera comme le vôtre : Patrie et liberté !

« BELLARD. »

La lecture de cette lettre excita des risées et des observations drolatiques sur la couardise de Bellard. Ses amis haussèrent les épaules. En passant devant la loge du portier, ils donnèrent l'ordre de dépaver la cour et de monter les grès aux étages supérieurs, afin de les jeter sur les brigands qu'on attendait de ce côté. De là, ils marchèrent à pas précipités vers le théâtre de la lutte, en traînant à leur suite tous ceux que leur enthousiasme patriotique réussit à persuader. — Vive la charte ! — criait-on après eux en courant vers la place de Grève, réceptable d'une terrible cohue. En cet endroit, l'action était plus chaude que partout ailleurs; soldats et peuple se battaient comme des enragés. Et là, le découragement des soutiens de la monarchie ne se laissait pas encore apercevoir comme dans d'autres quartiers de la capitale. C'étaient un tumulte, des détonations à ne pas s'entendre. Quant au spectacle, les hommes avaient de cruelles blessures, faites à bout portant ou à l'arme blanche, et des mares de sang clapotant, des morceaux de chair se voyaient à terre ou sur le pont d'Arcole. En un mot c'était un affreux combat.

Un parti de Parisiens, armés jusqu'aux dents, déboucha impétueusement du quai Pelletier sur la place de Grève. Ceux-ci étaient mieux vêtus, moins sales et moins déguenillés que les faubouriens aux visages noirs, aux mains noires, aux chemises noires. Mais ils n'étaient pas en arrière de vociférations; car on entendait constamment parmi eux les cris de : Vive la charte! vive la république! vive Napoléon II! Ils traînaient un lourd canon qu'ils avaient enlevé je ne sais où. La pièce fut aussitôt braquée contre un groupe de soldats qui tiraillaient acculés à l'Hôtel-de-Ville. La mitraille moissonna largement parmi eux. Les Parisiens se préparaient à recommencer cette manœuvre, et la pièce était presque chargée, quand une vingtaine de royaux se précipita du pont d'Arcole sur la petite troupe et emporta la pièce à la baïonnette. Ce fut une lutte, un acharnement furieux de la part des guerriers en frac et en redingote, pour reconquérir leur canon. Mais la contenance de leurs adversaires était inébranlable. Un jeune combattant, sans chapeau, sans cravate, les cheveux en désordre, les yeux étincelans, se jeta au devant de la redoutable bouche à feu. L'imprudent! il croyait, dans son fol enthousiasme, pouvoir, lui tout seul, avec sa misérable latte prise à un cuirassier, faire reculer deux pelotons de soldats qui lardaient à gauche et à droite leurs ennemis à coups de baïonnettes! Il s'imaginait être invulnérable à la mitraillade qui allait le couvrir et l'envelopper comme le jet d'un soleil d'artifice! Parmi ses compagnons, un seul être eut le courage de le suivre; et encore ce n'était qu'une femme, mais une femme exaltée, hors d'elle-même, plus effrayante qu'un homme. Elle tenait deux pistolets aux poings. Sa robe était déchirée au corsage; son sein boueux et pendant, ses cheveux brûlés, sa bouche amèrement ouverte, et ses yeux, oh! ses yeux horriblement immobiles comme deux perles noires fixées à son visage blafard.

— Emile! Emile, tu vas te faire tuer, nom

de D.... ! cria-t-elle d'une affreuse voix de fausset, en tirant le jeune homme en arrière.

Lui, n'écoutant point et brandissant sa latte, il voulut sauter sur la pièce. Mais une effroyable détonation partit. Et après, dans les lambeaux saignans qui gisaient sur la terre sans pavés, vous n'auriez reconnu ni Emile, ni Virginie. C'était de la chair pétrie avec de la terre et de la poudre dont un tigre aurait eu horreur.

Ailleurs, c'étaient d'autres spectacles tout aussi hideux. Des soldats harassés luttaient en vain contre une populace furieuse qui les enveloppait et les déchirait en pièces. Noël, séparé de son ami Emile, avait été entraîné par un flot de faubouriens, qui l'avaient mis à leur tête, jusque dans la rue Saint-Antoine. Là les militaires étaient assaillis de tous côtés, et des fenêtres d'où il pleuvait mille projectiles, et des caves d'où on tirait des coups de fusil, et de toutes les ruelles qui rayonnaient de la grande rue Saint-Antoine. Quelques braves assaillaient un tout jeune officier séparé de ses compagnons. Noël, le voyant accablé par le nombre, fit un mouvement vers lui pour le protéger; mais reconnaissant Léon, le fils de M. Duplessis, qui lui avait suscité tant de tribulations, il ne put résister à la rage de vengeance qui lui prit le cœur. S'élançant contre son ennemi, il le renversa et lui écrasa la tête avec le talon de sa botte. Puis, serrant les dents, ayant l'aspect d'un fou furieux, il fit passer sa troupe sur le corps du jeune officier, en la poussant toujours en avant.

Enfin, haletant, étouffé par une atmosphère qui ressemblait au souffle d'une fournaise, essuyant avec ses mains saignantes la sueur noire qui lui salissait la face, il quitta ce théâtre de carnage, et chercha où mouiller sa langue devenue sèche comme une brique. Quand il eut étanché sa soif ardente, il se rendit dans le quartier des Tuileries. De ce côté, le drame était moins palpitant. Même, à la porte de l'hôtel d'un ministre, il ne vit personne, et il se hasarda à entrer sans éprouver la moindre opposition. Les antichambres, les bureaux, étaient absolument déserts. Mais, au fond d'un vestibule, ayant tourné l'olive d'une porte, il se trouva en face de quelques employés et d'un monsieur qui faisait enfermer des papiers dans des malles, se disposant sans doute à les soustraire.

— Monsieur de Saint-Florent! s'écria-t-il le visage crispé par un rire affreux.

Tous les employés blêmirent devant cette apparition. M. de Saint-Florent aussi devint livide de peur, et ne répondit rien.

— Savez-vous que c'est un jour de rétribution aujourd'hui, et qu'on règle ses comptes avec ses créanciers? ajouta le nouveau venu d'une voix creuse.

— Mais, mon cher, je ne vous dois rien, je ne vous ai rien fait, balbutia le diplomate en tendant la main au jeune homme.

— Vous ne me devez rien? vous ne m'avez

rien fait?... Mais vous avez épousé la femme qui était mienne par loi de nature! Vous ne le saviez pas! qu'importe! le désespoir n'en est pas moins venu dans mon cœur! vous m'avez nargué, me regardant du haut de votre grandeur, pesant sur moi de tout le poids de votre morgue d'aristocrate!... Et puis, je vous hais, je vous hais à la mort, moi!.... N'est-ce donc rien que cela? Tenez! je veux être généreux pourtant; mettez-vous à six pas, et à qui tirera le premier. Croix ou pile!

Il présenta à la main qu'on lui tendait un des pistolets qui garnissaient sa ceinture, et prit un gros sou vert qu'il s'apprêtait à faire sauter. Son antagoniste se retira dans un coin, ému, frémissant de terreur.

— Acceptez, ou je vous casse la tête à bout portant.

— Non, non! oh! pas aujourd'hui! une autre fois, demain,... mais surtout pas aujourd'hui! Et ma femme, ma femme qu'il faut que j'embrasse avant!... Vous voyez donc bien que ça ne peut pas être maintenant.

Noël lui jeta un pistolet, et lançant le gros sou en l'air :

— Je demande face! dit-il.

La figure de la liberté se trouva en dessus.

— Bien ! reprit-il en mesurant six pas.

Et la balle s'aplatit contre le mur, après avoir traversé la poitrine du marquis de Saint-Florent. Et ensuite Noël sortit de la pièce en riant d'un rire diabolique; ses triomphes l'avaient mis hors de lui : il avait le visage bouleversé; il avait dans les yeux et dans la voix quelque chose du tigre. En cet état, il prit la route du faubourg Saint-Germain, sautant légèrement les barricades, s'éclaboussant aux mares que formaient les ruisseaux.

Son projet était alors de se rendre chez la marquise de Saint-Florent, de l'accabler de reproches, de lui rappeler les jours de prospérité, de se dresser devant elle comme le démon de la vengeance, et de torturer son cœur de femme.

Taché du sang de son époux, il voulait l'étouffer de ses étreintes, lui prodiguer les caresses et les outrages, l'embrasser au front et à la poitrine, comme une maîtresse adorée; et puis, lui cracher au visage, l'étaler nue, comme une odalisque sur un mol édredon; et puis s'entourer les mains de ses longs cheveux, et la traîner sur le parquet de la chambre. Enfin, il voulait meurtrir, briser la pauvre créature, à force de lubricité et de rage. Et il le pouvait impunément, car il était maître ce jour-là ; il avait droit de vie et de mort sur les plus faibles et les plus poltrons.

Dans une rue de bonnes gens, peu belliqueux de leur nature, des épiciers, des porteurs d'eau élevaient, à grand renfort de bras, une haute barricade. Du milieu des pavés, des tonneaux, des solives amoncelés, voilà qu'une voix glapissante s'éleva, qui arrêta Noël tout court dans son ascension.

— Hé! Noël! mon fillot! d'où ce que tu viens comme ça?

— De me battre, père ; de me battre comme un lion.

— Oh ! tron dé diou, n'y retourne pas, mon garcon, n'y retourne pas. Tout ça finira mal, comme disait M. Duplessis, le pauvre cher homme ! avant de passer.

Jacquinet pressait dans sa grosse main celle de Noël, que celui-ci ne retira point. Cette fois, la petite passion de la vanité s'était fondue devant celle plus forte de la vengeance. Il aurait presque embrassé son vieux père, et lui aurait peut-être raconté, comme à son meilleur ami, ce qu'il avait fait dans la journée, si Jacquinet n'avait parlé de M. Duplessis.

— Tu sais le malheur, mon garçon ?

— Lequel ? demanda Noël.

— Hier matin, il était encore en vie, le digne homme, que Dieu ait son âme ! à preuve que je lui portai du bois dans sa chambre, et qu'il me dit comme ça : Jacquinet, je suis malade ; toute cette bataille me tarabuste, j'ai peur que ça me tue ; je voudrais pourtant faire du bien à mon pauvre Noël avant.... Jacquinet! oh! ça me tient à la gorge! qu'il me dit. Fin finale, il tomba à la renverse sur son fauteuil, il était mort d'une attaque d'apoplexie, et aujourd'hui, nous l'avons enterré dans son jardin. Que j'en ai bien pleuré, foi de mon Dieu!

— De qui parlez-vous? interrompit Noël haletant.

— De feu M. Duplessis, qui est mort, quoi! répondit piteusement le marchand de peaux de lapins.

Noël demeura un instant, muet, immobile à la même place, toute son énergie avait été brisée d'un seul coup; d'abord un sentiment de souffrance intime lui amollit le cœur; puis succéda un remords, un remords écrasant. Les deux meurtres qu'il venait de commettre lui revinrent à l'esprit; il se trouva d'une ingratitude atroce. Il crut voir s'élever devant lui le spectre de son bienfaiteur irrité; et, cachant son visage dans ses mains, hors de lui, il se mit à courir, sans savoir où il allait. Enfin, il vint tomber sur son grabat, dans sa mansarde de l'Ecole de Médecine, et là, il versa un torrent de larmes.

C'était la fin de la journée; et, si vivre, c'est sentir, avoir de fortes émotions, Noël avait dévoré des siècles d'existence ce jour-là.

FIN DE LA DEUXIÈME ÉPOQUE.

TROISIÈME ÉPOQUE.

—

CHAPITRE I.

Tu n'as pas le sou !
CHRONIQUE DU CAFÉ DE PARIS.

Dénûment.

A cette époque, la curée des places avait eu lieu. Les habiles s'étaient trouvés les premiers, et le reste attendait béant la cessation des priviléges, l'extinction des abus. Et tout se trouvait encore le mieux du monde; car la vieille machine administrative avait repris son train. Depuis le trône jusqu'au plus petit recoin de bureau du moindre ministère tout était rempli. Les plus modestes comme les plus gros mangeurs de budget se trouvaient à leur poste. La résurrection était complète. Même les vieilles traditions avaient été outrepassées assez avantageusement pour les hommes nouveaux. Il est vrai qu'à tout cela on avait cousu un programme.

Ce qui n'empêchait pas M. Bellard, que vous connaissez, d'être on ne peut plus content de l'ordre de choses régnant, de se pavaner dans une belle et bonne voiture, de dire que nous avions la liberté et la meilleure des républiques. Parbleu je le crois bien, il avait ramassé dans la bagarre, un riche emploi qui valait presque un ministère !

Ce qui n'empêchait pas non plus Noël de mourir de faim. Lui n'avait rien demandé. Navré de la douleur que lui avait causée la mort de son bienfaiteur, il était resté enfermé quelques mois, oubliant qu'il était sans ressources, empruntant, ne payant pas, ne songeant même pas à le faire. Un matin, qu'il s'éveillait, il vit sa chambre toute dépourvue de meubles, d'ustensiles (il avait tout vendu), mit son pantalon de la poche duquel roula une solitaire pièce de cinq francs. Et après, pour chasser ses pénibles idées et cesser de s'occuper de soi, il essaya de lire un journal de la veille, qui se trouvait là. Mais le nom de riches banquiers, de puissans avocats qui cumulaient les emplois, se prélassaient au pouvoir, lui passa sous les yeux, il jeta la feuille avec rage : — Voilà des heureux ! songea-t-il, ou plutôt des gens adroits. Au fait, ainsi va le monde : bonhomie est synonyme de bêtise. Toujours l'homme rusé prospère. Ses journées sont riantes et gaies, ses nuits pleines de sommeil. L'expérience des choses de la vie est faite pour désespérer les honnêtes gens, ou pour en faire des coquins. On serait tenté de croire qu'il n'y a pas de justice au ciel, puisqu'on est mauvais impunément. Oh! je voudrais pouvoir l'être, moi!.... Là-dessus, il sortit.

Noël était alors un jeune homme au corps élancé, au front large et capace, à l'œil noir et réfléchi, aux lèvres fortement pressées l'une contre l'autre, indice certain de la concentration de de ses pensées.

Quant à son costume, il n'avait de fashionable que la coupe : Redingote noire, rapée; cravate noire, opposant un obstacle invincible au col de la chemise; gilet de drap blanc, à cuirasse, taché de graisse, de vin..... Enfin, tout en lui révélait une élégante malpropreté.

Il descendait la rue de Seine, en toisant dédaigneusement les passans du regard. Et l'expression de son visage avait je ne sais quoi d'énergique qui semblait se raidir contre une influence pénible. Pourtant cette lutte avait répandu sur les traits du jeune homme une pâleur maladive, plombé ses yeux d'un cercle livide, en sorte qu'on lisait sur sa physionomie : souffrance et fierté.

Arrivé au croisement de la rue de Bussy, il porta un œil inquiet autour de lui, inspecta ses bottes boueuses de la veille, mordit la dragonne de sa badine et posa le pied sur la sellette du décrotteur. Ce manége intimida sa vanité, car il baissait la tête et se faisait tout petit dans son coin de rue, de peur d'être reconnu par ceux de ses amis que le hasard aurait amenés du même côté.

Voulez-vous éprouver un désappointement à vous bouleverser la cervelle? ayez une idée fixe, le souvenir d'un mémoire de tailleur, par exemple, d'un bottier ou de tous autres créanciers criards qui ne pardonnent pas. Alors, gare à vous! vous pouvez être sûr que vous ne serez pas au bout de la rue avant d'avoir rencontré le visage en question! Assurément le proverbe banal : quand on parle du loup, etc., a été fait pour gens de cette espèce.

Pour moi, toutes les fois que pareille chose

m'est arrivée, j'aurais mieux aimé avoir en face le loup le plus affamé, le plus nécessiteux de la Sibérie que l'homme au paquet de bure verte, aux ongles noirs et crochus, qui me disait d'un ton de voix doucereux : — Je prierais monsieur de prendre connaissance d'un petit mémoire; ou bien : le commerce va mal, on ne fait rien, et voilà plus de six mois que j'ai eu l'honneur de livrer un habit, des bottes à monsieur.....

— Aimable auteur de mémoires, va!.... Ah! monsieur Dimanche, vous êtes laid, hideux à voir! Vous êtes Sainte-Pélagie incarnée!

Or, pour en revenir à notre jeune homme, il éprouvait, quand nous l'avons quitté, une mésaventure de l'espèce de celles dont nous parlons. Absorbé dans la contemplation des bottes et du cirage anglais, il ne vit point l'homme au paquet vert s'approcher à pas de renard et se dresser sur ses pieds pour lui frapper sur l'épaule.

— Im'paraît que vous les faites reluire!
— Animal!

— Fais excuse, monsieur Noël, si je vous ai offensé; mais c'est pas mon intention.

— Tiens! monsieur Gaillardin! J'allais chez vous pour vous faire des reproches. Savez-vous bien que vous me servez fort mal maintenant, que votre cuir est détestable, que vos bottes sont ridiculement étroites, et que je suis très gêné?....

— Dame! possible! Mais faut pas dire pour ça que la marchandise est mauvaise. Bien au contraire, les bottes sont bonnes. Il n'y a que la chose de dire qu'al' ne sont pas payées, et que ça ne porte pas profit.

— Comment, monsieur Gaillardin? ai-je jamais refusé de vous payer? Ai-je nié ma dette?

— Je ne dis pas ça... bien au contraire. Mais j'ai besoin d'argent, et voilà un an que vous me dites comme ça d'attendre. Si vous pouviez me donner un à-compte sur l'ouvrage que je vous ai livré... Dimanche nous allons voir notre nourrice, la celle à notre plus jeune, et son mois court depuis quinze jours.

— Que je sois pendu, mon cher Gaillardin, si je peux vous donner cent sous seulement. Mais ne craignez rien. Il y a une fin à tout (à part). Je le sens mieux que personne; je n'ai pas encore déjeûné (haut). Et je suis à la veille de me marier avec 40,000 livres de rentes.

— Oh! cré coquin!....

— Mais, quoique riche, je serai encore du peuple, allez!....

— Vous êtes toujours bon là, monsieur Noël; vous êtes un homme!.....Sans adieu.

Et l'artisan se retira en comptant combien 40,000 livres de rentes devaient avoir de pieds à chausser.

Pressé de quitter ce coin de malheur, notre oisif jeta grandement deux sous à l'artiste décrotteur, et se dirigea, tout préoccupé, du côté de la Seine. Longeant les quais, il regardait l'eau d'une manière étrange, presque comme notre ami de *la Peau de Chagrin*. Il y avait de la poésie en lui; il était dominé par un désir vague de destruction. Pourtant ce jeune homme était tout aussi peu résolu que Raphaël, car il détourna les yeux de dessus la rivière pour lorgner avec impudence les femmes qui passaient. Cet amusement l'amena jusque dans

LE JARDIN DES TUILERIES.

Allez-y par un beau jour d'hiver, par un jour d'étalage, vous y verrez là, sur la terrasse des Feuillans, un essaim de flâneurs qui font semblant de se promener. Mais, pour qu'il vous revienne une idée morale de la contemplation de ce perpétuel mouvement, ayez un microscope qui rapetisse les objets, votre œil embrassera une collection d'insectes aussi variés dans leurs couleurs que dans leurs allures. Mais, en somme, tout ce peuple lilliputien, ce specimen de l'humanité vous donnera envie de rire. Et, assurément, la gravité sénatoriale de nos promeneurs n'est intéressante que par le ridicule. Voyez!

L'opulence y coudoie dédaigneusement la pauvreté fière aussi, car elle a brossé avec soin son unique vêtement. Des douleurs cuisantes, d'accablantes préoccupations s'y promènent de front avec l'insouciance et l'ignorance des peines. Le vice y marche sur le pied de la vertu sans dire : gare !

Là le décoré de juillet heurte le chevalier de Saint-Louis; le vétéran de Waterloo reconnaît sa croix sur la poitrine de l'espion de police; le jeune capitaine, qui fit toutes ses campagnes dans le boudoir d'une actrice, rit à la démarche du sous-lieutenant éclopé de la vieille armée; la douairière, aristocrate de naissance ou de fortune, donnant le bras à son vingtième amant, détourne la tête en voyant la petite grisette qui qui n'est qu'à son premier. L'aspect de ces *créatures* a toujours fait mal à la noble dame.

Que vous dirai-je, enfin ? il y a là ce que vous voudrez y voir pour peu que vous soyez caustique et observateur. Voulez-vous du ridicule ? vous le trouverez à foison. Voulez-vous des larmes comprimées, des drames saisissans ? Déchirez ces masques de circonstance, et vous apprendrez que la face humaine n'est pas toujours rieuse. N'allez donc pas plus loin si vous voulez avoir un échantillon des contrastes des natures les plus hétérogènes. Car en vérité, vous ne trouverez pas deux êtres, deux existences semblables — au jardin des Tuileries.

Cela me faisait oublier notre ami qui marchait comme vous l'avez fait, comme cela m'est arrivé cent fois, je veux dire. sans but et au hasard. Sa physionomie avait je ne sais quoi d'austère et d'original qui lui valait l'attention de plus d'une femme à la mode. Il se laissait d'abord aller à répondre à ce premier mouvement par un regard d'intelligence; mais un retour sur lui-même suffisait pour le désenchanter : son costume sale, honteux, dégoûtant, le faisait rougir. Il serrait les dents, et se parlant à voix basse : — Ce peuple de papillons, disait-il, qui marche parce qu'on marche, qui parle parce qu'on parle, cette foule banale, ces têtes, bonnes la plupart à faire des grelots; tout cela est aisé, riche, indépendant au moins. Ces hommes frivoles qui disent : Mon cocher ! mon domestique ! accaparent à eux seuls les joies, les fêtes, le bien-être, sont aimés, recherchés des femmes les plus ravissantes, parce qu'ils ont ce qui séduit : —L'argent ! Et moi qui m'étais cru fait pour quelque chose, moi, qui sens bouillonner dans ma tête un monde de pensées, je suis pauvre, pauvre à me cacher !...

— Damnation !

Dans ce paroxysme de rage il appuyait son front contre l'écorce raboteuse d'un marronnier, espérant que la douleur physique suspendrait l'angoisse morale.

— Que fais-tu là, ours ?

— Mauvais plaisant ! répondit Noël se tournant vers celui qui l'interrompait.

— Je t'ai pris pour Chaudruc-Duclos.

— Orgueilleux !

— Ma foi ! tu es aimable !... Mais, aussi vrai que je m'appelle Bellard, tu composais et je t'ai dérangé, avoue-le-moi. Voyons ! c'était d'un mélodrame qu'il s'agissait ?

— Non.

— D'une tragédie romantique en six actes ?

— Tu n'y es pas.

— Des mémoires d'un enragé ?

— Du tout !

— Allons ! tu ruminais quelque chose : un tout petit plan de république, au moins ?

— Non ! te dis-je.

— Original ! tu espères me dérouter. Je veux que tu m'avoues tout.

— Viens donc par ici ; tout ce monde m'ennuie.

— A la bonne heure ! Te dépêcheras-tu d'accoucher, hein ?

— Tu es si importun, si assommant, qu'on est bien forcé de te parler avec franchise ! Je vais donc te dire de dures vérités.

— Tant pis pour moi.

Les deux jeunes gens, Noël, usé, rapé ; Bellard, brillant, frais, élégant, s'étaient assis sur un banc du jardin.

— Inégalité des fortunes ! as-tu songé quelquefois à tout ce que cette nécessité de nos destinées sociales a d'accablant, de désespérant pour l'homme né avec une certaine aptitude au bonheur?

— Bon! la caque sent toujours le hareng. Je te reconnais, beau masque; il s'agit de toi, mais tu n'es pas tellement dénué.

— Si!... dénué de tout! Pauvre comme le mendiant, assis sur la borne, qui tend la main au passant, n'ayant d'assuré que la vie d'un jour, et ne possédant au monde que cette pièce de cent sous.

— Laisse donc! fit Bellard avec son sourire railleur, je t'avais cru jusqu'ici un homme foncé. Mais, puisque tu m'avoues toi-même ta fâcheuse situation, je pense que ta vocation est manquée; car tu avais été créé pour avoir une existence honorable.

— Voilà comme ils sont tous, les riches! Je n'ai pas une existence honorable, parce que ma scélératesse ou le hasard ne m'auront pas

donné ce qu'on est convenu d'appeler ainsi.....
Orgueil!...

— Sais-tu bien que si tu continues, je vais rétracter ce que je voulais te dire tout à l'heure; que tu aurais dû naître pour manger comme moi cinquante mille livres de rente.

— Eh bien! oui! je suis fier de marcher coude à coude avec ce peuple que vous flétrissez du nom de canaille, qui fourmille, couvert de haillons, à la porte de vos splendides hôtels, qui fait vos révolutions et qui devrait vous demander compte du sang et de la sueur que vous avez dîmés sur lui!

— Mais tu serais un être détestable, digne tout au moins du bagne et capable de m'assassiner pour me voler, si je ne te croyais pas timbré.

— Ne crains rien, va! il est vrai que si tu étais un obstacle à l'affranchissement de mon pays, je te poignarderais, mais il y en a bien d'autres avant toi.

— Allons donc, frénétique Brutus! Tu sors

de ton naturel; le sang d'une piqûre d'épingle te ferait pâlir, je parie.

— Bien! raille-moi! seulement tu conviendras que j'ai autant de force morale que toi, moi qui, tenant dans la main ma dernière pièce de cinq francs, me détournerais des monceaux d'or que le pouvoir jeterait sur ma route!

— Peut-être?... Enfin, tout ce que tu me dis vient à propos d'argent.

— Oui, parce que je regarde notre gouvernement comme la plus hideuse des anomalies sociales, parce que l'aristocratie d'argent est l'épouvantail de tous les nobles sentimens.

Mais parlons de sang-froid.

Qu'est-ce donc qu'un riche, pris au hasard, comparé à des milliers de prolétaires? C'est le Petit-Poucet dans ses bottes de sept lieues. Vois, la plupart du temps, le millionnaire attachant une sorte de gloire à sa position élevée, comme ses actions, ses paroles sont empreintes d'un instinct d'orgueil! comme il semble grandi d'un noble dédain auprès de la commune humanité!

On dirait qu'à son aspect tout ce qui n'est pas lui doit se courber dans la poussière.

Les privations, les douleurs du pauvre, il ne les comprend pas, et celui-ci est pour lui une sorte de Paria dégradé, dont il aurait honte de s'occuper, si la bienfaisance ne devenait encore un moyen d'ostentation injurieuse aux infortunés.

Oh! que le malheureux, l'homme luttant avec la misère sait bien apprécier cette égoïste indifférence, ces petitesses des grands! Comme il les déshabille des prestiges dorés dont ils s'entourent, et les contemple dans toute leur nudité, froids, vicieux et cruels! comme il découvre, sous leur sotte importance, sous leur prétendu mérite, une hautaine nullité!

Il faut avoir souffert l'extrême indigence, il faut s'être souvent demandé la veille si le lendemain suffira à nos besoins impérieux, pour savoir que là où est la fortune, on trouvera plus souvent l'arrogance, une stupide fierté; et que la vraie force, les moyens de développemens nécessaires au génie, se trouvent souvent sous un habit rapé !

— Pas mal! pas mal du tout! J'allais dire que tu te donnes du talon dans...

Noël rougit en frottant avec sa manche le revers de son habit.

— Mais, si je voulais prendre au sérieux, continua Bellard, tes argumens cornus, il ne serait pas difficile de les réfuter; car, enfin, ton cercle est vicieux. Admets que la canaille (il faut appeler les choses par leur nom) ait une bonne fois exterminé ce qui a quelque chose sous le soleil, la canaille sera riche à son tour, et il faudra bien s'en débarrasser aussi, d'après ton principe; ou bien, est-ce tout bonnement la rage de tuer qui te prend ? — Ou bien, voudrais-tu rétribuer selon les capacités, comme nos excellens amis les saint-simoniens? Tu commenceras sans doute par te gratifier... Voyons! de combien de cent mille livres?...

— Tes plaisanteries sont fastidieuses. Je voudrais de la liberté, sans déception aucune.

— La république, en un mot? C'est bien beau, si nous étions parfaits!

— Sans perfectibilité, elle est possible. Otez un homme, diminuez mille injustes priviléges, rayez votre sens ridicule.

— Oui, débarrassez-vous du sens commun !

— Ennuyeux! je ne raisonne plus avec toi.

— Non, puisque tu déraisonnes..... As-tu dîné seulement?

— Je n'ai pas même déjeûné.

— Pauvre garçon! tu as faim. *Hinc illæ lacrymæ!* Tes raisonnemens annoncent le vide de ton cerveau. On dit que les moines croyaient voir des revenans quand il leur arrivait, par hasard, de jeûner un jour entier. C'est par la même raison que tu rêves la république; mais elle ne donne plus à dîner, depuis qu'elle loge au septième étage.

— Que m'importe?

— Beaucoup; car ta chimère de république ne serait pas à l'épreuve d'un dîner.

— Je te mets au défi.

— Eh bien! nous allons voir si l'intérêt privé, je dis l'intérêt grossier, matériel, ne l'emportera pas sur tes belles théories qui ont pour but d'assurer l'avenir de la France, dis-tu! Comment, toi, pauvre étudiant, criblé de dettes, tu veux agglomérer de nobles idées gouvernementales, tu songes à combiner les matériaux de ta république! tu supprimes la propriété, les listes civiles, tu rétribues les hommes selon leur mérite!...... Pitié!...... Allons chez Véry.

CHAPITRE II.

Egoïsme.

L'AUTEUR.

Le dernier Jour d'un Républicain.

Et, bras dessus bras dessous, les deux amis sortirent des Tuileries. Tout ce que la science gastronomique a de plus recherché, tout ce que le luxe de la bonne chère a de plus friand, fut étalé sous leurs yeux, présenté à leurs gosiers.

Vins rares, fins sorbets, Bellard effleurait tout des lèvres, habitué qu'il était à l'insouciance de la vie sibarite. Son plus grand plaisir semblait être de contempler l'activité bouffonne avec laquelle Noël s'exerçait sur les mets placés devant lui. Le sans façon d'un dîner d'ami permettait à ce dernier de montrer son savoir-faire, et il s'en acquittait à merveille. On voyait en lui l'homme affamé et ne se figurant pas qu'à table, on pût faire autre chose que boire et manger.

De là, ils allèrent au café. Un punch copieux fut apporté; Noël toléra les rasades multipliées sans faire la moindre objection. Il était devenu ce qu'il aurait dû toujours être, comme l'avait fort bien jugé Bellard, un bon vivant né pour le plaisir et le confortable. Il s'était dépouillé de sa mauvaise humeur de circonstance. Il ne regardait plus d'un œil d'envie le riche, le puissant; il ne jetait plus de boue à toute domination; il avait un véritable ton de suffisance comme ceux dont, naguère, il secouait le piédestal. La partie tragique de sa vie, ses rêves de sanglantes bacchanales, de parodies républicaines, de massacres, d'échafauds, n'avaient plus le même grandiose, la même expression exagérée. Mais ces conceptions de son cerveau endolori avaient changé de teinte, étaient devenues une macédoine bouffonne, sinon riante.

L'état de presque ivresse dans lequel il se trouvait, occasiona une sortie facétieuse qui amusa un moment les habitués du café.

— L'empire, moussu, l'empire est lé sul genre dé gouvernément qui puissé convénir à la France. Nos concitoyens turbulens, malaisés, ne peuvent être mis à la raison qué par un joug dé fer.

Ces paroles, parties du coin de la salle opposé à celui où étaient nos deux jeunes gens, sortaient d'une bouche gasconne, fêlée, édentée, dont le timbre déplut fort à Noël qui jeta, comme un défi, son observation au quidam qu'il ne voyait pas. Et cette boutade d'opposition fut encore plus comique par le diapason sonore que vous connaissez à M. Prud'homme, et qu'il imitait avec une rare perfection.

— Pardon, monsieur, je vous demande pardon. Nos besoins, l'instinct de la nation, repoussent un régime désormais impossible sous tous les rapports.

—Eh donc! moussu! qui vous parle?

—C'est à tous les bons Français que je m'adresse. L'opinion de monsieur n'est-elle pas une hérésie politique? Je dirai plutôt anti-nationale!

Murmure; un membre de la gauche s'agite violemment sur son siége; voix à droite : — C'est indécent! — Oui! oui! c'est vrai!

— N'était votre âge respectable, je ramasserais le gant que vous me jetez, moussu, s'écria le gascon qui ne voyait pas non plus Noël. Mais vous, qui parlez de l'empire, avez-vous connu l'empérur comme moi? Savez-vous qué j'étais de la garde impériale?

—Ah! vous étiez de la garde impériale?

—Oui, moussu! oui! f.....! j'en étais, et

quand l'empérur nous passait en révue, il s'arrêtait toujours auprès dé moi et mé disait, avec son air bon enfant, et en mé donnant une poignée de main : — Té voilà, Marillac, f..... ! Et comment sé porté ta sûr ? Et il est bon dé vous diré qu'il était amourûx de ma sûr, et qué, par conséquent, jé suis un pû son beau-frère.

— J'ai aussi été officier sous lui.

— Tant mieux pour vous, moussu, tant mieux! car c'était un fort aimable homme. Et quel grade aviez-vous ?

— J'étais officier auprès de sa majesté... officier de bouche, s'entend.

— Un beau grade, moussu! Avez-vous entendu parler, à l'armée, d'un certain Marillac, bourreau des crânes ?

— De la garde impériale, n'est-ce pas ? Un grand diable de six pieds !

— Pas tout-à-fait, moussu! mais c'est égal! c'était moi.

— Je vous en fais mon compliment. Or, pour en revenir à ce que je disais, l'empereur avait beaucoup d'estime pour moi, si bien que dans sa campagne de Russie il m'emmena avec lui. Là, je lui fis faire quelques dîners qui méritent d'être cités. Un jour, je lui en donnai un à quatre services, composé uniquement de cheval crevé, de gibernes, de souliers de fantassins et d'autres brimborions du même genre. Dame! on n'avait que cela alors. En se levant de table, il s'essuya les babines tout comme un baskir. Etonné de ça, je cours à lui, et je lui dis :

— Sire, est-ce que, par hasard, ça sentait un peu la fumée?

— Mon ami, me répondit-il, viens me trouver, quand je voudrai empoisonner toute mon armée.

— Le grand homme! s'exclama le gascon.

— Cette réponse m'aurait désespéré et m'aurait forcé de renoncer aux grandeurs, si je n'avais su qu'une des sœurs de l'empereur me regardait d'assez bon œil. Je me décidai donc à revenir à Paris. Ma foi, quand je fus de retour aux Tuileries, je m'aperçus qu'au lieu d'avoir une seule femme de la cour à mes trousses, j'en avais une, deux, trois... J'étais devenu le mannequin de ces dames, l'homme banal; on ne pouvait plus se passer de moi. Enfin, harassé de ce train de vie, j'en vins à désirer la restauration après avoir rempli une tâche aussi pénible que pas un des serviteurs de l'empire.

— Moussu, encore mieux, f..... Après avoir fait tout au monde pour réussir auprès de l'impératrice Marie-Louise, j'obtins d'elle un rendez-vous. C'était la nuit. Je me glissais par un escalier dérobé dans ses appartemens, quand un page envoyé par elle, vint me dire qu'elle attendait l'emperur. Pendant ce temps-là, lui-même, f......! montait l'escalier quatre à quatre. Jé m'éfface vivement. L'imbécillé de pagé, n'eut pas l'esprit d'en faire autant, et fut tué par Napoléon qui croyait qu'on voulait l'assassiner.

— C'est une gausse.

— Vous croyez qué jé craque, f......! moussu!

— J'ai fait des frais auprès de la femme de feu l'empereur, et je vous jure qu'elle n'était pas facile. Pourtant peu de grenadiers de la garde avaient la moustache mieux troussée que moi.

— Qué vous dites, moussu? qué vous dites, f.....?

— Je dis que vous n'étiez que de petits garçons auprès de moi.

— Cadédis! f.......! nom d'une pipe! On insulte la vieille garde!

Le gascon et Noël s'étaient levés spontanément. Mais le premier, petit et rachitique, pâlit en présence de la physionomie joviale, de la taille avantageuse du jeune homme.

Vous parlez galanterie, je vous réponds galanterie, ajouta Noël, dissimulant toujours sa voix naturelle.

— Au revoir! moussu! au revoir! répliqua le gascon.

Et prenant son chapeau, il gagna promptement la porte. Noël, titubant, le suivait sans savoir pourquoi.

— Donne-moi cent sous! il me faut encore cent sous pour acquitter la carte, lui dit Bellard l'arrêtant par la basque de son habit.

— Tiens! tiens! au diable l'argent! Je n'en veux plus d'argent. Demain je m'asphyxierai. Te plairait-il d'être de la partie?

Il fit rouler sur le marbre d'une table son unique pièce, et sortit en frappant des mains les poches de son gilet.

Pendant que ce dialogue à la volée amusait les rieurs, les dernières ressources d'un pauvre diable s'anéantissaient. A une heure d'illusion, allait succéder une réalité accablante. Et c'était tout.

— Ah! ça! as-tu encore une goutte de bon sens? es-tu capable de te tenir décemment devant des femmes? de ne plus parler comme un énergumène républicain?

— Devant des femmes? oh! vive Dieu? je serai légitimiste, juste-milieu, henriquinquiste, n'importe quoi.

— *In vino veritas*. Ainsi plus de politique. Tu deviens raisonnable dans le vin ; et c'est là que je désirais t'amener. Maintenant je veux te faire passer une soirée délicieuse. Je vais te présenter à la comtesse Amélie. C'est une femme légère et coquette comme une sylphide, et belle! Oh! tu verras! mais pas de bêtises! Le genre des beautés à la mode de nos salons ministériels n'est pas celui de vos petites grisettes à vous autres pauvres étudians.

— Mon Dieu! ne sois pas si fier. Nous donnons souvent dans les titres et dans l'aristocratie, nous aussi. Mais pourquoi ne m'avais-tu jamais parlé de ta comtesse Amélie ?

— Pour deux bonnes raisons. D'abord un fougueux jacobin aurait été pour elle une mauvaise connaissance. Et puis, je te croyais moins piteux. Avec quelque étalage de prodigalité, tu pouvais devenir prestigieux, séduisant. Maintenant que tu n'as pas le sou, je ne te crains plus.

Noël se mordit les lèvres à en faire jaillir le

sang ; et il suivit en silence son ami qui le conduisit dans un fort bel hôtel de la rue Saint-Honoré.

L'escalier, à rampe de bronze, couvert de tapis émaillés de fleurs, les vestibules à dimensions grandioses, tout, jusqu'à la gorgone grimaçante de la porte d'entrée, donna à Noël une haute opinion de l'opulence de la comtesse.

C'était pour la trentième fois dans la journée qu'il inspectait sa mesquine toilette, quand un grand laquais annonça au salon M. Bellard. Alors il s'arma de toute la hardiesse qu'il avait puisée dans ses fréquentes libations de champagne et de punch, et fit son entrée avec une démarche et des haut-le-cops tout-à-fait fashionable. Bellard porta la parole.

— Que notre visite ne dérange pas madame la comtesse. Elle faisait de la musique. Voici mon ami Noël de... de Berville, que j'ai l'honneur de lui présenter. C'est un *dilettante* très remarquable qui pourra l'accompagner agréablement.

Noël, ébahi, toucha légèrement du coude M. Bellard.

La comtesse, jeune veuve assez jolie, était en effet au piano, et elle se leva, ainsi que trois autres jeunes femmes qui se trouvaient avec elle.

Bellard continua.

— Mais ce n'est pas le seul talent qu'il possède : il peint, il fait des vers, de la politique.

— Tu te moques de moi, lui glissa Noël à l'oreille; mais l'autre feignait de ne pas entendre. — Imbécille! ajoutait Noël en lui-même, je vais être mystifié! Pourtant il est trop tard pour reculer. Payons d'impertinence.

La comtesse, étonnée de ce début, du ton goguenard de Bellard et de l'embarras de l'étranger, après toutes les phrases banales d'une présentation, n'imagina rien de mieux pour l'en tirer que de l'engager à chanter.

— Ma cousine Irma, dit-elle, est aussi une célébrité musicale; elle voudra bien tenir tête à Monsieur.

Une grande jeune personne, mince et frêle, que venait d'interpeller Amélie, alla s'asseoir au piano, sans se faire prier davantage.

Noël s'approcha, décidé à sortir, à force de hardiesse, du mauvais pas où son déloyal ami l'avait jeté. Au moins, debout devant un cahier de musique, il n'était pas si fort décontenancé qu'en face de quatre jeunes femmes qui se faisaient sans doute violence pour ne pas lui rire au nez.

Le choix des deux amateurs tomba sur le nocturne d'un célèbre compositeur. Noël toussa; Irma toussa. On partit.

La voix d'Irma était fraîche, limpide et douce ainsi qu'un amour de vierge; mais celle de Noël, oh! elle semblait arrachée des poumons par un déchirement, elle roulait criarde dans sa poitrine, comme si une griffe de chat lui eût serré la gorge. D'où cela venait-il? peut-être des émotions de la journée.

Amélie et Bellard s'étaient placés sur une ottomane. En entendant les premières vibrations de cette voix originale, la comtesse se renversa sur le dos et se livra à un rire inextinguible, que les observations plaisantes de son voisin ne faisaient qu'augmenter. Enfin, elle retrouva son sérieux, non sans peine, après avoir essuyé quelques larmes qui brillaient à ses cils comme des diamans.

— Mon Dieu ! mon Dieu ! dit-elle, que je suis sotte de rire comme ça ! Mais c'est une cruauté, ce pauvre jeune homme !..... Au fait, sa voix n'est pas désagréable, et je commence à m'y accoutumer; elle approche des voix artificielles que j'ai entendues en Italie.

— Parbleu, c'en est un !

— Quoi ! un soprano ? vous riez ?

— D'honneur ! aussi bien que Zambinella.

— Je n'avais encore vu qu'une ou deux de ces malheureuses créatures. Où avez-vous fait sa connaissance ?

— A Rome, où cet accident lui arriva fort jeune. Néanmoins, je vous assure que c'est un bon garçon.

— Et avec cela il a un air tout mauvais sujet qui est impayable.

— J'ai pensé que cette connaissance vous amuserait comme une curiosité.

— N'en parlez plus ; ça fait mal.

La comtesse resta pendant cinq minutes absorbée dans une singulière rêverie.

— Pardon, madame, dit Noël revenant du piano, de vous avoir rendue victime de la perfidie de Bellard ; mais j'ai voulu vous montrer jusqu'à quel point était noire sa trahison.

— Tu chantes comme un dieu, mon cher ! répliqua son persécuteur. Eh ! pourquoi ne serais-tu pas fort ? tu as tout ce qu'il faut pour cela.

Bellard jeta à la comtesse un coup d'œil que celle-ci sembla ne pas comprendre.

— Ce n'est pas un mauvais tour que nous a joué votre ami, ajouta Amélie. Il est vrai que votre voix est originale, mais j'aime beaucoup les originalités.

— Encore mieux ! reprit Noël ; je suis condamné à boire jusqu'à la lie le calice du persiflage.

— Ce jeune homme est bien susceptible, monsieur Bellard, il prend en mauvaise part tout ce qu'on peut lui dire; mais, pour lui prouver que mes intentions à son égard ne sont pas trop désobligeantes, je le prie de rester avec nous pendant toute la soirée. Nous avions formé le projet, ces dames et moi, de nous promener au bois de Boulogne, avant d'aller à l'Opéra. Mes deux cousines et ma belle-sœur monteront dans leur calèche avec vous. Monsieur voudra-t-il bien accepter une place dans mon coupé?

— Alors, madame, les taquineries de Bellard qui m'ont jeté devant vous comme un hochet, deviennent pour moi une bénédiction du ciel.

— Dis plutôt une bonne fortune.

La comtesse rougit tout en descendant l'escalier à côté de Noël, qui, profitant de ses gracieuses avances, s'attacha à ses pas comme une ombre. L'étrange familiarité avec laquelle elle l'avait retenu, lui donnait du courage, et la beauté de la jeune femme commençait à l'émouvoir, et il se disait *in petto* : D'où diable me vient ce bonheur?

Dès qu'il fut assis, à gauche, dans le coin de la voiture, son cœur dilaté nagea dans une délicieuse atmosphère. Le contact des vêtemens d'Amélie, le parfum qui s'échappait de ses gants, de ses cheveux, de son mouchoir de fine batiste, et puis cette idée : Seul avec elle! tout cela le saturait d'exaltation, lui faisait entrer la volupté par tous les pores; et il se laissait d'abord aller à sentir; il jouissait de la réalité, comme on jouit d'un rêve, béant, immobile, il ne disait mot. Il croyait donc que cette voiture le bercerait ainsi jusqu'à l'éternité dans un muet délire! Vrai, il le croyait.

La comtesse, étourdie, lui dit :

— Pourquoi M. Bellard a-t-il pris cet air railleur, en vous présentant chez moi?

— Pourquoi? pourquoi? je n'en sais rien.

C'est peut-être à cause de l'affreuse position où je me trouve. L'infâme ! rire de ma misère !

— Ne m'en parlez pas, je connais votre état !

— Serait-il vrai qu'il eût été jusqu'à vous en parler ?

— Il m'a tout dit.

— Le traître ! il n'a pas voulu vous laisser un moment d'illusion sur mon compte !

— L'étrangeté de sa confidence m'a révoltée, je l'avoue. Et c'est peut-être une cause de l'intérêt que vous m'inspirez.

— De l'intérêt ? à vous, madame ? Je ne dois donc point désespérer de moi, puisque l'ange dont j'avais envié un regard par-dessus tout, a daigné s'abaisser jusqu'à penser à moi. Ah ! écoutez mon aveu ! Ce n'est pas aujourd'hui que je vous vois pour la première fois. Est-ce hasard ? est-ce volonté divine ?..... Mais, vous êtes bien la même que je poursuis depuis long-temps au bal, au spectacle, à la promenade ; je n'ai laissé échapper aucune occasion de vous rencontrer. J'ai passé des nuits entières assis sur la borne à la porte de votre hôtel. Mouillé, éclaboussé, mourant de faim, j'étais heureux dès que je pouvais apercevoir votre profil ravissant, et j'emportais avec moi un sujet de délicieuses rêveries... Oh! vous me rendez justice! la pauvreté qui est ma lèpre, qui m'a fait douter de moi, ne m'a pourtant point empêché d'avoir de nobles passions, d'être digne de vous!

Toute cette fable était débitée avec assez de feu, mais Amélie n'y comprenait rien.

— Ah! maintenant, je suis grand, riche, heureux! Car, que sont la fortune, les honneurs, auprès du regard d'une femme dont les anges seraient jaloux?

Il lui prenait les mains, et elle se laissait faire, car elle n'y comprenait rien encore.

Il s'était agenouillé près d'elle; oh! tout près! le moyen de ne pas être rapprochés dans un coupé! Elle s'était retirée dans un coin, avait fermé un store, incommodée qu'elle était par la poussière. Lui s'était levé et avait fermé l'autre.

En sorte, qu'en arrivant au bois de Boulogne, les deux stores étaient baissés, — et Bellard avait menti.

Le lendemain il alla voir Noël.

— Mon cher, lui dit ce dernier, prépare tes commissions; je pars dans huit jours pour l'Angleterre, je suis secrétaire d'ambassade.

— Tiens! et ta république?

— Que veux-tu! les républicains se gâtent; le ministère s'améliore, et puis, il faut bien faire quelque chose pour la patrie. C'est à elle que je me suis dévoué.

CHAPITRE III.

Messieurs, ami de tout le monde.
SOSIE.

Encore un Rêve.

Mais il ne partit point. Une fois qu'on a le pied dans l'étrier, ou, ce qui revient au même, qu'on est recommandé par une jolie protectrice, sous tous les gouvernemens possibles on est sûr de faire son chemin. Ce fut une puissance de cette espèce qui valut à Noël sa nomination à une sous-préfecture. Il avait été singulièrement arrêté au milieu de sa carrière d'opposition. Et, chose qui aujourd'hui à beaucoup d'hommes d'importance paraîtra fort naturelle, il approuvait ce que naguère il avait trouvé répréhensible. L'égoïsme est girouette de sa nature. Les dernières diatribes de Noël contre la richesse n'avaient été que l'expression de son envie; et son antipathie avait expiré dans son dernier changement de position. En somme, ce n'était plus le même homme.

A son nom, à son simple nom de Jacquinet, il n'avait rien trouvé de plus simple que de substituer le nom de Berville. Donc c'était M. Noël de Berville. D'une plaisanterie de Bellard, il avait fait une réalité. Maintenant, il était aristocratiquement logé et mis somptueusement. Amant avoué de la comtesse Amélie, il était pour moitié dans ses *raouts*, dans ses fêtes. De ses amis, il avait fait ses amis.

Cependant, outre Bellard, une sienne vieille

connaissance lui restait encore, avec laquelle il n'avait pas voulu rompre trop brusquement. C'était Auguste, le futur saint-simonien. Celui-ci n'avait rien perdu de son acerbe opposition au pouvoir. Voyant les hommes de juillet impuissans à reconstruire la société comme il l'entendait, il prit le parti de tourner le dos aux gens positifs, et se jeta dans un mysticisme tout nouveau dont notre siècle ne s'inquiète guère, quoique les saint-simoniens aient redit assez souvent que leur religion c'est celle de l'amour, qu'ils visent à l'affranchissement de la femme. Auguste ne sortait de là que pour se gendarmer contre les hommes, les lois, les mœurs de nos jours. Son costume lui-même était une protestation contre les usages modernes. Sans en être encore arrivé à la Jacquette bleue, aux chausses rouges et au bicoquet de velours cramoisi, il avait fait tout ce qu'il avait pu, afin de se rendre souverainement ridicule au passant vulgaire qui le coudoyait dans la rue. Et il y avait réussi. Bref, il s'était affublé d'un costume *du temps ;* et il le portait avec beaucoup de gravité.

Souvent il rencontrait Noël au café.

Un jour, après lui avoir dit ses idées sur les réformes morales, politiques et religieuses, il ajouta :

— A propos, mon cher, que je te conte un rêve que j'ai fait cette nuit. Oh! un drôle de rêve qui résume quarante ans de notre histoire moderne. Je l'écrirais avec éclaircissemens et annotations si, sous la meilleure des républiques, on ne m'assurait que

« Pourvu que je ne parle ni de l'autorité, ni du culte, ni de la politique, ni de la morale, ni des gens en place, ni de l'Opéra, ni des autres spectacles, ni de personne qui tienne à quelque chose, je puis tout imprimer librement. »

(*Mariage de Figaro.*)

— Voyons ton rêve.

— C'est pourquoi je te le dirai en abrégé :

L'HOMME ARLEQUIN.

Le régisseur venait de frapper trois coups, et les archets faisaient vibrer leurs aigres zin zin, et l'on voyait agir rapides les mille bras de l'orchestre. Et quel orchestre, bon Dieu! C'étaient des têtes grises, blêmes, livides, luisantes, sans cheveux : c'étaient des cous, des bras décharnés, tenant des carcasses de morts façonnés en violons, des bouches sans lèvres soufflant dans des clarinettes faites avec des *tibias*, des mains longues et minces agitant deux os *radius* sur des tambourins de peau humaine. Et puis, un silence lourd, mat, béant, pétrifiait le vaste amphithéâtre pavé de spectateurs assis pour attendre la représentation.

— Et laquelle?

Les habitans du Père-Lachaise s'étaient rangés de bonne heure sur des tombeaux en guise de banquettes; car il devait y avoir du plaisir ce jour-là. On jouait une farce à bénéfice. Les rogatons de Clamart avaient été mis à contribution comme à l'ordinaire (les restes des maudits de Clamart servent de hochets à l'aristocratie des morts), pour composer des instrumens à l'orchestre. La salle, c'était le brun firmament au milieu duquel pendait un énorme lustre à trois rangs de têtes de morts, dans lesquelles on avait mis des bougies à la flamme verte. La scène était un immense échafaudage de paniers rouges adossés à la chapelle du cimetière, et sur lesquels étaient peints en couleur noire mille sujets fantastiques, et voilà.

Quand l'orchestre eut cessé de faire entendre de ces sons particuliers à toute musique diabobolique, un immense applaudissement roula, strident comme une grêle de noix, des hauteurs du funèbre enclos jusqu'à la porte qui ouvre sur le boulevart, et des trépignemens de pieds osseux fatiguèrent le sol pendant cinq minutes, après lesquelles le calme se rétablit. On entendait bien encore par-ci par-là quelques claques des messieurs du lustre. Mais le *chut* final d'un amateur attentif fit cesser ces manifestations retardataires, et tomber toutes les mains.

Donc, la pièce ayant pour titre : *l'Homme Arlequin* commença : elle était divisée en plusieurs tableaux d'une invention toute nouvelle pour les habitans de l'autre monde.

On vit d'abord un gros homme couvert d'un long manteau bleu parsemé de fleurs de lys d'or. Ce personnage était placé au centre d'une balançoire (1), équilibrée par deux autres individus, vêtus, l'un d'une soutane, l'autre d'une cotte d'armes, et qui, le front haut, le jarret brusque, se lançaient alternativement dans les airs, en criant : — Canaille! — à un tas de braillards qui fourmillaient autour de l'escarpolette, et en excitant le personnage du milieu

---

(1) Certains mécaniciens ont remarqué que l'effet de la machine pouvait être non moins avantageux en supprimant l'auteur du milieu. Or, s'il se trouve des gens qui prétendent que l'on doit se débarrasser des nullités; ces dernières ont pourtant encore un grand nombre de partisans.

à tenir ferme. Mais celui-ci jetant un regard de pitié vers la tourbe des demandeurs, leur envoyait quelques paillettes arrachées d'une couronne qu'il froissait dans ses doigts. Mais ses condescendances ne faisaient qu'augmenter des prières parfois impérieuses. Cependant, les deux principaux acteurs en possession de la balançoire, criaient, criaient plus fort, en manaçant les quémandeurs, qui, d'une rapière rouillée, qui d'une main fulminant des excommunications.

Dans ce premier tableau, on voyait déja figurer l'Homme Arlequin (1). Il avait un vêtement complet, parfaitement adapté à toutes les parties du corps, et remarquable par l'étoffe, la façon, et je ne sais quoi encore. Plus varié que

---

(1) Arlequin, personnage de la Comédie Italienne, qui, autrefois, remplissait le rôle d'un bouffon habile à observer les faiblesses et les ridicules des autres, et à en tirer parti. Aujourd'hui son rôle, chez nous, quoique indispensable, est devenu muet, et pourrait être remplacé par une simple girouette.

les cases d'un damier, il présentait à l'œil une multitude de nuances changeantes qu'il semblait recevoir des objets extérieurs. Etait-ce un miroir, une peau de caméléon? je ne sais. Mais étiez-vous blanc, étiez-vous tricolore, l'habit prenait de votre côté la teinte de vos couleurs, au point que vous ne pouviez le méconnaître, et que votre mystification était complète.

Mais l'homme qui le portait était plus remarquable encore. Toute sa personne avait tant d'élasticité, une faculté si grande de se démonter qu'on le prenait facilement pour une marionnette, et qu'en cas de besoin, vous eussiez pu le mettre dans votre poche. Quant à sa figure, elle était tragique ou drolatique, pleureuse ou rieuse, absolument comme vous la vouliez. Pourtant son état habituel avait quelque chose de la physionomie de Breloque ou d'Asmodée, et cette expression sardonique qu'on peut remarquer dans le rire de notre Rabelais. Cet homme, avec la mobilité de son masque, annonçait devoir faire son chemin dans le monde. On voyait qu'il était disposé à prêter serment à tous les gouvernemens possibles en leur riant au nez, et, soit qu'il désirât entrer en enfer, soit qu'il voulût aller trôner en paradis, il était évident qu'il n'avait qu'à vouloir pour réussir.

Pendant la scène de la balançoire et des débats qui faisaient prévoir une combustion générale, l'homme que je nommerai *Arlequin*, puisqu'il n'avait rien de positif, et qu'il ne pouvait non plus avoir qu'un nom de circonstance, se tenait dans un coin en observant attentivement tout ce qui se passait.

As-tu vu, au Cirque, une pièce à brouhaha, à grand spectacle? Eh bien! ma représentation ne fut bientôt que cela. C'était une incohérence à ne pas s'y reconnaître, un vacarme à ne plus s'entendre. Mais, ce qu'il y avait de plus évident, c'est que la pièce était devenue un drame, chaud, ardent, tiède de sang, et que la bascule dont j'ai parlé était toujours le centre de l'action. Là on se battait, on se déchirait pour renverser celui qui tenait une place. Et il en arriva que l'homme au manteau et ses deux acolytes furent culbutés et la machine disloquée, en sorte qu'elle n'allait que par saccades, montée qu'elle était par des gens brusques et étourdis. Ceux-ci, débraillés, couverts de bonnets rouges phrygiens, avaient sans cesse d'âpres jurons à la bouche. Leurs yeux étaient hagards, leurs mains menaçantes et souillées de sang à donner un cauchemar de terreur. Pourtant au centre de la bascule se trouvait encore un petit monsieur poudré, musqué, portant des manchettes, un bel habit, un beau gilet, et accompagnant le mouvement de la machine de l'air de la Carmagnole.

Voilà que tout à coup, il s'éleva du milieu des badauds, une voix flatteuse, mielleuse, qui glissa comme un parfum jusque dans l'oreille du maître.

— Citoyens,

A l'époque où celui que je rougirais de nommer, où le plus détesté des tyrans appesantissait un sceptre de fer sur notre patrie, j'osai élever ma faible voix, et faire parler les intérêts sacrés de la liberté. Depuis j'ai prouvé dans toutes les occasions que ma mission était d'appeler cette république une et indivisible, que nous possédons enfin.

Je viens encore aujourd'hui proposer ce qui me paraît bon et utile à la nation : c'est d'offrir une expression de gratitude à l'homme qui a bien mérité de la patrie, à l'homme que j'appellerai le grand, le sauveur; à celui pour qui la postérité n'aura pas assez de couronnes. Car sans lui, adieu la patrie, la liberté et les sans-culottes.

Un tonnerre de *hourra* accueillit cette petite harangue, et l'Homme Arlequin sauta en croupe derrière le personnage qui venait d'être ainsi passé à l'encens.

Puis s'opéra un changement à vue, et l'on remarqua dans un coin du tableau, en guise d'épisode, le monsieur poudré, tomber sous la batte d'Arlequin qui disait : A bas le Vandale !

— C'était le 9 thermidor.

Et dans la déconfiture qui en advint dans le sens dessus dessous de la bascule, je voyais toujours mon héros s'y tenant accroché.

— Pourquoi ?

— C'est qu'il n'était ni clergé, ni noblesse, ni tiers-état, ni caste, ni parti, ni opinion, c'est qu'il était *lui* et qu'il avait pour devise *moi!*

— Mais qu'est-ce, mon petit monsieur? ne vous levez donc pas comme ça, vous m'empêchez de voir...... Chapeaux bas!...... Silence, messieurs!... A bas les chapeaux!... A la porte, à la porte les tapageurs!

Quand le parterre fut redevenu silencieux, chacun put voir la magnifique décoration qui surgissait des tréteaux. Il semblait qu'un éclair sillonnait la nue, et c'était un aigle, à l'œil scintillant, qui traversait des régions dépeuplées par la guerre. Il n'y avait que le pinceau d'un immortel Cicéri qui eût pu renfermer dans un si étroit espace tant de scènes, tant de tableaux variés. Ici le spectateur haletant se courbait à l'approche du Simoûn, balayant des montagnes de sables ; là il s'enveloppait dans les plis de son suaire troué devant les neiges amoncelées de la Moskowa. Et puis, c'étaient d'autres terres, d'autres régions, et partout une rosée de sang, mais d'un sang fécond qui engendrait un peuple de guerriers.

Et celui qui les conduisait; oh! qu'il était beau aux jours de sa grandeur, lorsqu'environné d'une auréole de gloire, il abaissait sous la lame de son sabre les têtes des souverains.

Alors, la monotone bascule avait disparu, et à la place il ne restait plus que cet homme, et celui-là n'avait qu'à passer, et tout grandissait autour de lui, quoiqu'il résumât en sa personne le *moi* implacable. C'est que son égoïsme était celui du génie.

En ce temps-là, le croirais-tu? l'homme Arlequin trouvait encore sa place quelque part, mais humble, l'oreille basse. Ses tours, il les faisait à la sourdine; et, tandis que le maître exploitait l'étranger, lui se chargeait de l'intérieur, et il senommait *Bureaucratie!* Si parfois une voix hors de saison réclamait en faveur des droits de la nation, des intérêts de la liberté, etc., l'homme Arlequin avait aussitôt à la bouche ces paroles de Sganarelle qui devraient être la devise de tout gouvernement menteur à son programme : mais nous avons changé *tout cela.*

— Qu'est-ce donc, Arlequin?

— Hé! ne le voyez-vous pas bien, c'est la machine qui reprend l'allure d'autre fois, et vous n'avez que ceci à faire : Portez la queue d'un archevêque, couvrez-vous d'un vaste éteignoir, et vous serez restauré. Que de plaisir! c'est le bon temps!..... Que parlez-vous de républicains? — anthropophages!... de napoléonistes? — canaille! Morbleu! il n'y a que moi qui pense bien : Vive le roi!

En effet, dès qu'il le voulut, Arlequin, son amour des bons principes, sa haine improvisée contre l'usurpateur lui valurent des rubans, des décorations; mais, en politique prudent, se doutant qu'il jouait toujours la comédie, félicitant d'un côté de sa face et grimaçant de l'autre, il évita fracas. Sa mission était de faire la guerre aux places; il prenait à gauche, il prenait à droite, et ses mains ne désemplissaient pas; aussi, il commençait à devenir énorme; il était ventru.

Et puis, il y avait de longues salles où l'on voyait des objets qui avaient l'air de faire un gouvernement; mais, en y regardant de plus près, on reconnaissait que ce n'étaient que des perruques.

Alors le lustre ne jetait plus qu'une blême lueur, et la pièce perdait de sa poésie. Ce long acte devint fade, et son uniformité, toute classique, déplut bientôt aux spectateurs. Des dames bâillaient déjà d'une manière effroyable et demandaient leurs chapeaux; quelques jeunes gens lisaient *le Lendemain du dernier jour d'un Condamné*. D'autres battaient la mesure avec leurs cannes; d'autres sifflaient; d'aucuns huaient. Enfin la salle, parterre et loges, ne fut bientôt qu'un *pandœmonium* plus épouvantable que celui de Milton.

Mais, voici que des figurans, qu'on appelait peuple, trépignaient sur la scène en hurlant : Victoire ! L'homme Arlequin était parmi eux ; il disait : — J'ai bien joué la comédie; il bafouait ceux qui s'en allaient et il embrassait ceux qu'il rencontrait, tout joyeux de s'appeler Révolution et d'avoir une place. Il avait l'air bon homme comme un gouvernement populaire.

Mais, quand les figurans se mirent à le persécuter en lui demandant du pain et des récompenses, disant : — Le peuple ! pensez au peuple ! Il répondait : — Je ne connais plus de peuple chez nous, il n'y a que des sujets; et ensuite il se remémorait cette belle maxime de Machiavel :

« Comptez que les hommes seront toujours assez simples et assez pressés par les besoins présens, pour se laisser tromper, et tenez cette maxime pour infaillible : qu'il y aura toujours des dupes tant qu'il y aura des fourbes. »

L'homme Arlequin était alors galonné sur toutes les coutures, sérieux, n'embrassant plus personne, ne donnant plus de poignées de main aux figurans. Il marchait rond et fier comme un cumulard, et se trouvait tel qu'il avait été avant de s'appeler *Révolution*, avec cette différence qu'il était bien engraissé.

Mais il y a une fin à tout.

Le parterre, lassé, comme à toutes les représentations à bénéfice, se mit à siffler, hurler de plus belle, au point que la bonne ville en frémit. Le vacarme empêcha d'entendre la fin du cinquième acte qui s'acheva au milieu d'un disloquement universel des machines. Enfin, la toile tomba, et le directeur, vieille momie d'Egypte, jadis exhumé par M. Champollion, se dressa devant le trou du souffleur ; il fit un salut à droite, à gauche, en avant et l'on écouta :

— Messieurs, dit-il, l'acteur chargé du rôle

de la bascule, vient d'avoir la mâchoire fracassée!

— Il en restera toujours assez, de ces mâchoires-là! s'exclama un farceur du parterre.

Mais l'*Angelus* sonnait, je crois, à l'église Notre-Dame, car les fantômes disparurent sous les pierres, sous les croix, sous le gazon, partout...

CHAPITRE IV.

Je n'y puis plus tenir, j'enrage, et mon dessein
Est de rompre en visière à tout le genre humain.

MOLIÈRE.

Misanthropie.

———

— Aussi, reprit le saint-simonien, je n'aime pas à te voir, toi qui portais autrefois dans ton cœur toutes les généreuses passions du jeune homme, je n'aime pas à te voir donner la main aux escobards politiques, aux plats valets de toute aristocratie. Je croyais qu'il y avait grandeur, abnégation de toi dans ta haine si ardente, de tout ce qui se trouvait haut placé; mais tu me fais soupçonner qu'au fond de cette inquiétude, de ce besoin de changement qu'éprouve notre jeunesse, il n'y a qu'un profond égoïsme. Te souvient-il du temps où tu nous juras que tu ne saurais trouver ta place dans le personnel d'un gouvernement?

— Je sais bien qu'il fut une époque où il en était ainsi de moi, mais c'est qu'alors je me serais regardé comme une mécanique agissante, si j'avais été obligé de me tenir assis durant huit heures du jour à un pupitre, de faire comme les autres petits mangeurs de budget enfin, dont l'imagination étiolée ne peut dépasser les parois d'un modeste bureau. Mais, quand on est sous-préfet, c'est bien autre chose, ma foi! et puis, j'ai été si malheureux! D'ailleurs, vois-tu, rien n'est aussi contagieux que la vanité. En voyant des misérables se gonfler comme des crapauds, fiers de ce que le sort ne les a pas placés dans la fange populaire, on en vient à se dire que l'on vaut autant qu'eux. Puis, à force de vouloir les égaler, on se fait tout aussi mauvais. Tu parles de l'égoïsme, toi, mais il est partout aujourd'hui; il montre l'oreille dans tous les partis, dans toutes les individualités.

— Oui ! Eh bien, ne vaudrait-il pas mieux montrer les plaies de notre civilisation que d'en tirer profit ? Ne vaudrait-il pas mieux démasquer les hommes impurs sous les habits de Staub et sous la grossière bure ? Stigmatiser la société en enfance qui s'agite sur un théâtre craquant de ses pieds vermoulus ? La société !.. je ne pourrais l'embrasser, moi, que comme une de ces vieilles maîtresses, au cuir tanné, aux membres grotesquement maigris, qu'on caresse et qui vous paient. Il me semblerait qu'un cadavre flasque et bleu serait à mes côtés, froid comme un glaçon, frôlant ma peau de sa peau mollasse, riant de ses lèvres vertes et sans haleine à mon visage de vivant.

— Tiens ! mais, mon cher, j'ai été comme

toi, débitant avec chaleur des absurdités *ejusdem farinæ*.

— Je sais bien que, dans ta nouvelle position, tu m'appelleras absurde, splénétique, carliste ou bousingot. Mais cela ne me prouvera pas que vous ayez régénéré quelque chose, comme on le prétend. En effet, sous toutes vos prétendues améliorations, je ne vois qu'une mystification ; c'est d'abord le vieux principe : *Tout aux uns, rien aux autres!* qui sert de frontispice au nouvel ordre de choses ; je voudrais y écrire aussi : Avarice !

Un homme n'a d'importance aucune, si l'on ne peut l'évaluer par francs et par centimes. Un prolétaire, par conséquent, ne représente rien, absolument rien ; c'est un hors d'œuvre de la création, un erratum ici-bas. Et il ne serait bon qu'à jeter à la voirie, le jour qu'il vient au monde, s'il n'était destiné à payer l'impôt personnel et bien d'autres encore.

Il est vrai que sur toutes ces choses chacun a le droit de dire son avis, et que nous avons la liberté de la presse. Oh! c'est une belle chose que la liberté de la presse, quand elle aide aux pourvoyeurs de Sainte-Pélagie. Si on avait osé relever la censure, chacun se serait hâté de flétrir ce nom trop odieux. La presse est libre, nous a-t-on répété : caricatures, journaux! livres, pièces de théâtre, peuvent arriver impunément au monde extérieur. Seulement, il y a un *nota bene* à cette latitude. Quand vous aurez été imprimé à grandsfrais, votre livre pourra bien être saisi, s'il ne plaît pas; et vous-même, après avoir grossi l'escarcelle gouvernementale d'un lourd impôt, vous courez grand risque d'aller rendre visite aux cachots de la liberté.

Ah! Noël! Noël! mais c'est!... Je n'ose pas qualifier tout cela.

— Mon Dieu! tu ne m'apprends rien de neuf, et ce que tu dis est bien pâle auprès des catéchismes quotidiens des journaux de l'opposition. Moi-même, moi qui te parle, j'ai répété tout cela à satiété, et ça m'empêche-t-il d'être sous-préfet?

— Non. Mais aussi tu es un pauvre sire, impressionnable seulement à ton intérêt propre. Je ne te connaissais pas. Je te croyais le cœur autrement fait.

— Je n'en suis point étonné. Comment concevoir qu'on puisse analyser les opérations d'une âme d'homme, les classifier toutes selon les degrés d'une échelle donnée comme on le fait tous les jours ? et dire doctoralement : Celui-ci est bon ; celui-là est mauvais ? Comme si on n'avait pas à tenir compte là, plus que dans le monde extérieur, d'immenses révolutions.

— Alors elles ont été bien funestes chez toi. Ainsi donc je me suis trompé, je t'ai cru meilleur que tu n'es en effet, et nous nous séparons.

— Comme il te plaira ! mais je t'avertis d'avance que tu deviens fort ridicule.

— Je m'en moque ! tous les sots préjugés ont pour eux les majorités, je le sais. Pour moi, j'aurai le courage de siffler haut une pièce qui décline vers le fade bouffon ; et, disciple d'une secte dont les hommes se moqueront peut-être, j'aurai la satisfaction de songer que je n'imite pas le vulgaire.

De ce moment ils furent brouillés; et quelque temps après, Noël passait sur un boulevart, lorsqu'il aperçut un cortége de gamins qui criaient à la *chianli!* Il ralentit le pas, et revit, au milieu du groupe, son ami Auguste en costume saint-simonien, tout pâle et tout ému de l'ovation populaire.

CHAPITRE V.

C'est une fort belle chose qu'un bal.
(*Reine, Cardinal et Page.*)

Un Pressentiment.

M. Noël de Berville n'était plus ce jeune homme parfois franc et jovial, souvent aussi morose et un peu pédant. Ce n'était plus l'homme fier de sa pureté, de son indépendance natives, aimant le peuple et s'en faisant gloire.

sans regret de ses illusions, de ses premiers beaux rêves de jeunesse, il était devenu tout positif et n'en paraissait que plus agréable. Dans un salon, il savait prendre de belles manières, comme autrefois tapager à l'estaminet ; dans un boudoir, il était d'autant plus séduisant qu'il restait toujours maître de lui, et que ses plus douces paroles d'amour, ses épanchemens qui semblaient les plus sincères étaient étudiés. Quoique, complaisamment, il eût avoué à Auguste avoir été gâté par la contagion de l'exemple, il était loin d'avoir le moindre remords. Toute sa vie passée lui semblait un enfantillage, qu'un seul jour de bonheur lui avait fait oublier. Il renaissait à un présent, à un avenir embelli des superfluités du luxe et du bien-être. En province, comme à Paris, il représentait avec une élégance toute nobilière ; il marchait le front haut, coude à coude avec les sommités de la société.

Plus d'un an s'était écoulé depuis les événemens de juillet, lorsqu'un soir sa voiture, attelée de chevaux de poste, s'arrêta dans la cour de la comtesse Amélie. Il venait du chef-lieu de sa sous-préfecture.

Il ne se fit point annoncer, et pourtant la jeune dame était à sa toilette, livrant sa tête aux mains de sa femme de chambre. Ses cheveux blonds étaient, d'un côté, arrondis en natte sur sa tempe; de l'autre, ils flottaient encore onduleux sur ses épaules. Malgré ce négligé extrême, elle renvoya sa femme de chambre, et resta seule avec le voyageur.

— Vous vous êtes fait attendre long-temps, monsieur, ce n'est pas bien, dit-elle d'un air boudeur.

— Hélas! il y a huit jours que je serais près de vous, si ces fastidieux provinciaux ne m'avaient assommé avec leurs chemins vicinaux, leurs banales réclamations. Là-bas, ce sont de mesquines tracasseries à en mourir, surtout quand je songe que je laissse ici un trésor précieux, et dont je suis bien jaloux.

— Et surtout bien avare, reprit-elle en riant, puisque vous craignez de le visiter.

— Calomnie! pure calomnie! chère ange! je te jure que je mourais si j'étais resté un jour de plus.

Et il baisait, il appuyait à son visage ces longs cheveux parfumés dont Amélie semblait si vaniteuse.

— Méchant!.... Et je voudrais bien savoir si les femmes sont jolies dans votre province.

— Laides à faire peur, ma chère amie; toutes pimbêches, sottement maniérées. D'ailleurs, fussent-elles belles comme des houris du paradis de Mahomet, je ne m'en souviendrais pas auprès de ma toute ravissante Amélie.

— Oh! près de moi c'est toujours cela, de l'exagération! Mais, quand vous êtes loin, c'est de votre part un silence qui me tue. Je n'ai pas reçu de vos lettres depuis avant-hier.

— Quand je te jure que j'étais accablé de travail, amie! D'ailleurs, mon empressement à venir me jeter dans tes bras ne t'assure-t-il pas assez que, loin de toi, je suis seul, oh! bien seul au monde!

— Cette pensée m'est trop douce pour que je cherche à douter de la vérité de tes paroles. Car je t'aime, vois-tu, mon Noël, au point que, quand tu n'y es pas, moi aussi je suis maussade, triste à faire pitié.

Et la première, passant les bras autour du cou de son amant, elle fit une jolie moue, sollicitant un baiser de sa bouche. Long-temps leurs lèvres furent unies, avec un sentiment de volupté de la part d'Amélie, tandis que lui, brûlant d'amour, en apparence, avait la glace au cœur. Autrefois, le plus léger attouchement de la peau satinée d'une main de femme suffisait pour bouleverser sa raison. Maintenant, ce n'était plus ainsi. Il était bien vieilli.

Il répondit cependant : — Oui, maussade! il y paraît. Et est-ce donc à cause de cela que tu t'es mise en frais de toilette ce soir? Songeais-tu à moi, en tirant de ton arsenal de coquetterie cette brillante parure qui te sied à ravir? Est-ce là ton deuil, dis-moi, chère amie?

— Ma toilette! oh! c'est vrai; je n'y songeais plus; et tu as horriblement chiffonné ma robe; c'est une vengeance. Tant mieux. Je n'irai pas au bal ce soir.

— Quoi! mon Amélie serait privée d'un plaisir à cause de moi! Mais je mordrais mon cœur à belles dents, si je croyais t'enlever une jouissance. Ce que je disais est une plaisanterie; tu m'aimes, ange du ciel! Je n'en doute pas, puisque tu m'en as donné des preuves; je t'aime aussi de toute la violence, de toute la franchise du cœur que tu me connais; et c'est pour cela que je veux que tu ailles au bal ce soir. Même je t'y accompagnerai; je suis si heureux de tes triomphes!

— Tiens, mon ami, à vrai dire, je ne désire plus sortir. J'aime mieux rester ici avec toi; car dans tout ce monde qui parle, qui tourbillonne, c'est toi que je chercherais, c'est ta voix que j'écouterais : car toi, tu es mon univers, ma seule joie, le but de mon existence, ce qui n'est pas toi me semble mesquin, ennuyeux.

Leur causerie intime dura long-temps sur le même ton. Enfin, Noël se levant, annonça qu'il allait se préparer pour le bal.

— Souviens-toi, lui dit-elle, que c'est à cause de toi que j'y vais.

— Eh bien ! oui. Suppose que c'est pour la satisfaction de ma vanité. Autour de moi, dans le bourdonnement des fashionables, dans les chuchotemens admirateurs quand je saisirais ces mots : Ravissante ! la plus jolie du bal ! la parure du meilleur goût. Je serai fier, heureux à en avoir une vertige.

Il revint en costume de soirée, noir des pieds à la tête, et le visage encore pâle de la fatigue du voyage. Cela lui allait bien ; et, à la manière élégante avec laquelle, en entrant dans la chambre d'Amélie, il avait jeté son claque sous son bras, on aurait dit d'un jeune seigneur, d'un dandy au temps de Louis XV. Elle, légère comme un papillon, lui sauta au bras ; et, tandis que le coupé les entraînait, elle continua à le caresser de son doux parler.

— Ami, tu disais bien que je t'aime ; car je ne puis plus vivre sans toi. Depuis que tu m'as quittée, les fêtes auxquelles j'ai assisté, ont été pour moi comme des cérémonies funèbres. Il faut que je sois tienne, que nous ne nous séparions plus. Je t'enleverai à cette vilaine petite ville, et je te suivrai dans une préfecture. Oui, tu l'auras, ou une place qui vaudra au moins celle-là.

— Merci ! bonne amie ! merci ! Tu as déjà tant fait pour moi !

Et le démon de l'ambition lui soufflait : — Encore ! encore ! — lui réjouissant l'âme, à l'idée d'un avancement si rapide.

Cependant leur équipage n'avançait pas. Il était arrêté par une longue file de voitures, par un encombrement. Voilà que, parmi les vociférations, les juremens des cochers enroués, une voix aigre, faussée, s'en vint crier sur un ton plaintif, presque au vasistas de l'équipage du jeune couple.

— Peaux de lapins! des peaux de lapins!

La trompette du jugement dernier aurait causé moins d'épouvante à Noël que cette voix. Il bondit comme s'il avait été piqué par un reptile qui n'aurait pas lâché prise; car, toujours perçante comme une ricaneuse moquerie de Satan, la même voix continuait, la voiture restant toujours en place. Le malheureux jeune homme, abattu, se renversait en arrière. Son front ruisselait de sueur froide.

— Maudit! s'écria-t-il faisant un violent effort pour revenir à lui.

— Noël, qu'as-tu donc?

— Eh! rien! presque rien... j'étouffe.

— Dieu! c'est de l'air! de l'air qu'il te faut! dit-elle en se penchant avec précipitation pour faire tomber la glace de son côté. Mais lui, plus prompt que la pensée, lui serra fortement le bras.

— Pour Dieu! n'ouvre pas, Amélie. Tu veux donc me tuer?

Saisie de frayeur, elle retomba sur les coussins. Elle le croyait fou.

Mais la voiture s'était fait jour à travers l'encombrement, et le cri du marchand de peaux de lapins n'arrivait plus aux oreilles de son fils. Celui-ci se remit un peu.

— Pauvre ange! je t'ai fait bien peur, dit-il le plus tendrement qu'il put. C'est qu'il m'a pris un éblouissement subit comme jamais il ne m'était arrivé d'en avoir. J'étouffais, et pourtant j'avais horreur de l'air extérieur.

— J'en suis encore toute épouvantée.

— Bah! ce n'est que la suite de l'émotion que j'ai éprouvée en te voyant.

Déjà le bruit d'une molle symphonie avait ramené le calme à l'âme de l'hypocrite. Il se sentait grandir en entrant dans un salon où tout lui rappelait son élévation présente et rien de l'abaissement d'autrefois; et, aussi insouciant, que les plus brillans cavaliers, il s'abandonna à la fête sans le moindre sentiment d'humilité. La tiède atmosphère du bal, il la respira sans remords, sans arrière-pensée. Ces hommes polis, ces femmes frêles, joyeuses, haletantes sous la mousseline et la dentelle, n'était-ce pas son monde à lui, le monde qu'il s'était fait? Par son adresse, par le frottement avec cette société choisie, n'était-il pas devenu digne d'y tenir place? Et, d'ailleurs, où était l'homme qui oserait lui dire qu'il faisait tache dans cette élégante mosaïque?

Ces questions il les avait laissées au seuil, craignant qu'elles ne fissent passer un nuage sur son front s'il s'y appesantissait. Il eut encore un souvenir de ses premiers jours. Mais ce fut une idée qui le fit sourire, une simple réminiscence presque imperceptible à son amour-propre. En se mettant en place pour la contredanse, il se rappela sa maussaderie à une soirée qui avait précédé le mariage de mademoiselle Duplessis; il se voyait encore suffoqué de jalousie chaque fois que la robe d'Elisa lui frôlait le visage en passant; et il se reprochait son mauvais ton à lui, comme un enfantillage, comme défaut d'habitude du monde. Les musiciens préludèrent. Alors il porta ses yeux devant lui, pour la première fois, depuis qu'il était à sa place. Mais quel ne fut pas son étonnement quand il se trouva face à face avec Elisa. Il l'avait presque oubliée, et il la revoyait belle, rieuse, comme autrefois. Il en fut tellement étourdi, il tremblait si fort, qu'il allait brouiller la chaîne anglaise, si, lui touchant légèrement la main, la marquise de Saint-Florent ne lui eût indiqué sa place.

Ce témoignage d'attention fut précieux à Noël. Et il se proposa bien, une fois la contre-danse finie, de rappeler au souvenir de la jeune veuve une page de leur liaison qui ne devait pas en être tout-à-fait effacée. Etait-ce qu'il y avait un retour de passion au cœur du jeune homme? ou bien que madame de Saint-Florent pouvait offrir à un mari l'avenir le plus opulent? Quoi qu'il en soit, sans autre préambule, il aborda la veuve de l'homme qu'il avait tué, brigua la faveur de danser avec elle, et l'obtint facilement. Les invitations se succédèrent, accueillies par le sourire le plus flatteur. Les gracieuses douceurs vinrent à la faveur de tout cela ; et, avant la fin du bal, il avait retrouvé une maîtresse, et elle un amant. Il est vrai que le sous-préfet était un bien plus aimable homme que le prolétaire de jadis. Serait-ce qu'il y aurait aussi de la vanité dans l'amour ?

Ce fut au point qu'au retour du bal, Amélie pleura amèrement. Devant l'ingrat, devant son bourreau, anéantie, les yeux voilés, la peau humide de sueur elle se roula sur le plancher. Ce bal, ou un pressentiment lui disait de ne pas aller, avait été pour elle l'occasion d'une horrible torture. Amélie le supplia de lui rendre la paix de l'âme, en la suivant en pays étranger, en fuyant loin, bien loin de cette femme dont le regard lui inspirait plus d'horreur que celui du basilic.

Il ne voulut pas y consentir, lui répondant

qu'elle était folle, qu'il l'adorait sans partage. Puis elle l'appela ingrat! misérable!

Il lisait un numéro de *l'Entr'acte* qu'il avait pris sur la cheminée.

Enfin, la pauvre comtesse, lasse de prières et d'angoisse, resta la face contre terre, froissée, glacée, les chairs hâves, tordues, les dents serrées. Le jeune homme la regarda alors.

— Tiens, se dit-il en lui-même, cette farce! Elle a des attaques de nerfs!

Il se mit en devoir de la délacer, et de lui ôter tout-à-fait sa robe qui lui tombait des épaules.

— Au fait, jolie! très jolie! songea-t-il, mais bête; et avec une femme bête, pas de ressources. L'autre, quelle différence! C'est un mélange d'esprit, de grâce... A la fin cependant suis-je donc un valet corvéable à merci? Celle-ci est-elle donc ma maîtresse suzeraine, absolue, ayant droit universel de jambage sur moi, son féal et amé sujet?

La femme de chambre le surprit au milieu

de ses préoccupations; et, voyant sa maîtresse étendue sur le parquet, elle se précipita vers elle, et la mit sur son lit, toujours raide et crispée.

Alors, lui, bâilla musicalement, et dit : — Ce n'est rien, absolument rien; elle était trop serrée; faites-lui respirer de l'éther. Puis il enfonça son chapeau sur sa tête, et sortit.

La comtesse mourut d'une fièvre nerveuse.

Et à huit jours de là, on annonça que le choléra était venu en France dans des ballots de laine.

CHAPITRE VI.

La vanité a un souffle qui dessèche tout.

BALZAC (*le Bal de Sceaux*).

Un Episode du Choléra.

———

Ce fut une affreuse calamité que le choléra ! un de ces fléaux qui arrivent à la suite, et qui sont le complément de tant d'autres. Nous avions déjà les écorcheurs ; il nous manquait la peste. Donc une nouvelle épouvantable se répandit enfin : le choléra était débarqué.

Au fait, on mourait comme mouches. Dans quelques rues il arrivait souvent que de pauvres passans, saisis d'atroces coliques, se tordaient au coin d'une borne, comme un vieux soulier dans le feu, et mouraient sans qu'une âme charitable osât s'approcher. C'était si horrible de voir ces faces humaines bleuissantes se raccornir, se décomposer à faire peur ! Nous sommes tellement légers, ou plutôt nos préoccupations de chaque jour sont tellement saisissantes, que nous avons presque oublié tout cela. Mais il fallait voir Paris durant les préludes de la maladie; d'abord on se sauva comme on put, en poste, en diligence, en charrette ou à pied ; ce fut une débâcle générale. Cependant, les pauvres, les gens en place, tout ceux enfin qui ne pouvaient partir furent bien forcés d'avoir du courage. Quoi qu'il en soit, les boutiques se fermaient de bonne heure, les rues étaient désertes, et chacun avait la gorge incessamment serrée par la crainte du fléau. A la vérité on avait vu hisser, dans quelques quartiers, ces philanthropes pavillons, où était écrit en grosses lettres : *Bureau de secours;* on rencontrait à chaque pas de lugubres civières qui transportaient les cholériques. Mais tout cela était-il bien rassurant ? N'oubliez pas, au milieu de ces angoisses de la crainte, les bavardages, les inventions de ceux qui ont la manie d'amplifier la vérité, qui disaient malignement, à qui voulait l'entendre, que la médecine était prise en défaut, que nous étions livrés aux bêtes, et cent autres balivernes de même force. — Et ces choses se passaient sous un ciel azuré, sous un beau soleil de printemps : dérisoire anomalie !

Mais j'en reviens à mon histoire; car nous touchons à sa conclusion, s'il y en a une. Noël était donc rentré en grâce auprès de son ancienne amie. Et il avait oublié déjà la femme qu'il avait tuée. Les préférences d'Elisa ne suffisaient-elles pas à son égoïsme et à sa vanité ? Absolument dans la même position auprès d'elle, qu'autrefois près d'Amélie, il était aussi heureux, quoique peut-être il fût plus sincère au fond. Enfin, là aussi il semblait être un mari en herbe. Il montrait une rare assiduité. Il ne la quittait plus. Une aventure, étrangère à son bonheur, aurait été fort mal reçue en cette occasion. Et cependant il lui en arriva une.

Comme le choléra augmentait d'intensité, son amie voulut quitter Paris avec lui; et il s'empressa d'aller lui-même retenir les chevaux de poste. Passant sur un quai, pas loin du Pont-Neuf, il faisait aller vite son tilbury; criant : gare! éclaboussant les piétons qui ne se rangeaient pas assez vite. Cependant, il eut de la peine à traverser un rassemblement qui fut sourd à ses avertissemens répétés. Impatienté, il avança au milieu du groupe, au risque d'écraser quelqu'un. Mais le passage était barré par une civière, sur laquelle se trouvait un cholérique. Des gens du peuple avaient arrêté les porteurs, déchiré le coutil qui recouvrait le malade, et s'opposaient violemment à ce qu'il allât à l'hospice.

L'objet de cette réclamation était un vieil

homme déguenillé, chauve sur le haut du chef, et seulement ayant aux tempes quelques mèches de cheveux blancs. Son visage était horriblement décomposé; ses yeux étaient cavés, sa bouche tordue, ses lèvres noires comme de l'encre. Son propre fils ne l'aurait certes pas reconnu en cet état.

— Pardieu! ils l'ont empoisonné! C'est clair! disait une vielle femme en lui faisant boire du lait dans un couvercle de fer-blanc.

— Avalez ça, vieux; ça vous fera du bien.

— Oh! tron dédiou! ça me tortille le ventre! s'exclama le malheureux d'une voix toute lugubre.

— Voyez-vous bien ça!........ pauvre cher homme, va!

— Oh! mal! beaucoup mal! ajoutait le moribond.

Noël, voyant l'impossibilité d'avancer ou de reculer, laissa les reines aux mains de son domestique, lui recommandant de se tirer de la foule, dès qu'il verrait jour à cela. Et, par curiosité, il s'avança tout près de la civière. Saisissant cette occasion d'observer un cas de choléra, il mit d'abord les doigts dans la bouche du malade. La langue était comme un morceau de glace. Il palpait la peau du visage qui se plissait aussi facilement qu'un vieux linge. Mais voulant recommencer à signaler ce symptôme, il vit le malade ouvrir les yeux, puis avancer les bras tout à coup. Et le jeune homme fut saisi dans une affreuse étreinte. Ces bras s'étaient crispés autour de sa taille.

— Noël! mon fillot! je souffre bien! oh!

— Lâchez-moi donc! s'écria l'autre, rouge comme écarlate, et cherchant à se dépêtrer.

— Oh! c'est que, mon Noël, mon fils chéri, j'ai du mal là, là, partout.

— Oh! fit-il ensuite, se raidissant convulsivement. Noël profita de cela pour essayer d'écarter les bras. Il les repoussa donc avec force et ils tombèrent grotesquement pliés sur le bord de la civière. Le pauvre vieillard était mort.

Tout près de là se tenait une espèce de lourdaud qui avait aidé à porter le malade, et qui tira une fiole de sa poche.

— Faites-lui boire ça, dit-il.

— Où que t'as pris ça? demanda un voyou dans la foule.

— Dame! c'est moi qui l'a acheté.

— Possible que c'est de la poison, ajouta l'autre.

Et aussitôt un affreux grognement retentit dans ce peuple jurant Dieu, criant, beuglant, ne s'entendant plus lui-même, il se rua sur l'homme à la fiole.

— A l'eau, l'empoisonneur! A la Seine, hurla-t-on de toutes parts!

— Miséricorde! murmura leur victime. Ce vieux-là qui est malade et que je portais à l'Hôtel-Dieu, c'est mon père; à preuve que je n'empoisonne pas; et ce monsieur c'est mon frère, ajouta-t-il en s'accrochant à l'habit de Noël.

— N'est-ce pas, mon bon monsieur, que je suis votre frère Maclou?

— C'est-il vrai que vous connaissez ce gueusard-là ? crièrent des voix menaçantes.

— Je n'ai jamais vu cet arsouille ! dit Noël remontant en tilbury.

— Brigand ! voleur ! assassineur ! A l'eau ! cré nom de nom ! à l'eau, cré bon Dieu ! couac ! crac ! baound ! hurla le populaire.

Et quand la voiture du sous-préfet traversa le Pont-Neuf, il vit lancer par-dessus le parapet du quai un objet qui n'avait plus forme ni figure humaine. Cela était déchiré, tout ruisselant de sang; et après avoir disparu dans la Seine, ce misérable corps laissa quelque temps une rouge marbrure à la surface du fleuve.

Le soir, Noël partit avec Elisa. Il alla bien loin de Paris ; pendant ce voyage, il fut plus gai, plus fou que de coutume.

Comment se fit-il qu'un bon enfant, un brave républicain en vint à ce degré d'égoïsme et d'aridité de l'âme ? *C'est que la vanité a un souffle qui dessèche tout.*

MORALITÉ.

Et maintenant que, grâce au hasard, je suis arrivé à l'issue de mon livre, je ne trouve rien de mieux à dire que de mettre sous les yeux du lecteur la moralité de certaine chronique; et cela sans prétendre l'appliquer à aucun parti, mais uniquement pour signaler les métamorphoses de ceux qui furent bons, et proclamer une malheureuse loi de nos destinées ici-bas.

OR, POUR RÉDUIRE EN SOMME TOUTES CES CHOSES,
ET POUR EN TIRER MORALE ET ENSEIGNEMENT,
IL APPERT QUE LES TRIOMPHATEURS ET
LES FORTUNÉS EN CE BAS MONDE NE
SONT PAS TOUSIOURS IDOINES A
LA VERTU, MAIS CERTES AU
CONTRAIRE MESCHANS,
VANITEUX ET TRAI-
TRES A CEUX
QUI LES
ONT
SOUVENTES FOIS EXALTÉS ET SERVIS.

FIN.

En vente :

HEURES DU SOIR,
LIVRE DES FEMMES.

4 beaux vol. in-8°. — Prix : 30 fr.

MÉMOIRES
DE
LA REINE HORTENSE,
AUJOURD'HUI DUCHESSE DE SAINT-LEU,

Recueillis et publiés

PAR

LE BARON W. S. VAN SCHEELTEN.

2 beaux vol. in-8°. — Prix : 15 fr.

Sous presse :

CHRONIQUES
DES
PALAIS, HOTELS ET MAISONS CÉLÈBRES
DE PARIS,

PAR

MM. LE ROUX DE LINCY ET FEUILLIDE.

1 beau vol. in-8°.

www.ingramcontent.com/pod-product-compliance
Lightning Source LLC
Chambersburg PA
CBHW050919230426
43666CB00010B/2235